Мирослав Б Младеновић Мирац

НЕКИ ОБИЧАЈИ ИЗ ВЛАСОТИНАЧКОГ КРАЈА И ОКОЛИНЕ

ВЛАСОТИНЦЕ, 2016.године

1

Сажет(Резиме):- *У записима су описани обичаји из животног-породичног, црквеног и посленичког циклуса.*

ПОРОДИЧНИ ОБИЧАЈИ:-Свадба, Младенци, Рођење, Мали кравај-Повојница(макед.), Велики кравај, Стрижба, "За кров градње куће", Усељење у кућу, испраћај у војску, умирање и други......

ПОСЛЕНИЧКИ ОБИЧАЈИ:-Прво орање на њиви, почетак жетве, крај жетве, крај вршидбе, крај окопавања, крај косидбе, ношење земље на шију, печење ракије, обичај градње куће ("за кров"), одлазак у печалбу и други......

ЦРКВЕНИ ОБИЧАЈИ:- Слава, Божић, Водице (Богојављање), Свети Трифун, Тодорица, Лазарева субота-Врбица, Ускрс-Велигден, Тројица, Спасовдан, Петровдан, Света Петка-Трновица, Светилија, Богородица-Велика Госпојина и други ....

Неки обичаји као религиозни и обичаји животног циклуса: Божић, Слава, Ускрс-Велигден, Прочка-Каравештице, Свадбе , Младенци и други, предходно су обрађени као посебна целина у виду чланака-подвукао:Аутор М.М, 2015.г.).

Један део обичаја је већ описан као део једне целине у предходним чланцима у власотиначко-црнтравском крају; а овде ће бити опис записа осталих обичаја који су постојали или су сада неки обновљени или су у некој другој форми на почетку 21. века.

Поред језика, обичаји су један од основних елемената да се сачува национални идентитет, па је зато веома важно та српску заједницу као етноса да се сачувају и одрже обичаји и традиција и у 21 веку.

Поред записа и опсиа обичаја, у чланку су направљени и фото записи одређених обичаја у 20. и почетком 21. века, што ће доприносити да младе генерације сачувају обичаје свога етноса од заборава.

Кључне речи:-обичаји, породични, посленички, црквени, фотографије

ПРЕДГОВОР:

Као што смо напоменули да навике које постоје у начину живота и међусобном опхођењу међу члановима једне етничке заједнице или једног народа, а које им служе као правило-како ће поступати у појединим приликама било у односима између себе било у односима с другим народима-називају се ОБИЧАЈИ.

У записима сам често пута приликом испитивања порекла становништва у селима власотиначко-црнотравскога краја; бележио сваки од наведених обичаја:Посленички, Црквени, Породични у атохтоном облику записивани по селима.

Сви записи о обичајима су аутентични записи истраживача:аутора просветног радника-наставника математике, његових ученика у школама ученика, аутора монографија села и записивача појојног протојереја Драгутина Ђорђевића из Лесковца.

Нека буде остављен траг да је покојни чика Драгутин био пријатељ аутору овог записа као просветном раднику на село, кога је помагао и једини у тим тешким временима за прикупљање народних умотворевина давао стручно-моралну подршку да се остави траг обичаја свога завичаја на југу Србије.

Зато ће ми бити и посебна част да у писању чланака о обичајима користим истраживачке материајле једног свештеника, пријатеља једном атеисти, који су били заједно заљубљеници традиције и обичаја свога краја.

Традиција и обичаји у животу јеног народа, поред језика и религије, вероватно најпресудније утичу на стварање и очување етничког идентитета те заједнице.

А колико је чување обичаја значајно за сваку заједницу најбоље говори изрека „боље је земљу продати, него обичај изгубити".

Срби су народ са богатом традицијом, који је, због сплета различитих историских околности, био суочен са великим искушењима њеног очувања.

Код заосталих народа обичаји се поштују као писани закони а код цивилизованих народа-обичаји се држе извесних обичаја у опхођењу међу собом и с другима, иако нигде нису предвиђени (гостопримство, побратимство, кумство, поштовање старијих).

Постојали су на село многобројни обичаји везани за живот у заједници на село:у кући, породици, рађању, стрижби, женидби, одласка у војску, умирања и други.

И сам живећи као дете и младић (потом и цео животно-радни век сам провео на село), могао сам да учествујем или увидим многе лепе народне обочаје у свом завичају, везаних за рад у пољу:почетка орања, жетве, краја косидбе, краја вршидбе на гумно, печења ракије на старински начин у казану, „дар за кров", одласка у печалбу и други...

Постоје и верски обичаји, остаци примитивних схватања и у вези са извесним религиским обредима, свечаностима или празницима(Бадњак, ускршња јаја, и друго).

У неким верским обичајима у свом планинском засеоку-махали Преданча, села Горњи Дејан-власотиначко црнотравскога краја, као дете сам учествовао шездесетих година 20.века у извођењу обредних ритуала-везаних за верске празнике:Божић(Бадње вече), Велигден(Ускрс), Ђурђевдан-а често и у неким свадбеним ритуалима.

На основу казивања(а и учешћа) као просветни радник, негде 70.-их година 20. века-све сам то почео да бележим, чак негде и на папиру неког хартијеног џака сеоске продавнице, како бих оставио некин траг поколењу о народним обичајима из овога краја.

Наравно да су времена била тешка по питању очувања традиције, али моја љубав према традицији и обичајима је била велика-задојена у самој средини у планинском делу на обронцима Чемерника-Букове Главе и Крушевице, која траје до данашњега дана уласка у 21. веку..

Нестанком нашега села при крају 20. и почетком 21 века многи лепи обичаји везани за живот у заједници на село у планини су нестали.

Многи обичаји који су са временом нестали, данас на почетку 21. века су почели да се изводе у неком другом облику, а неки и на старински начин.

Моја бележења су остала и она су део мога и живота генерација испред нас и остаће и иза нас.

Остала су сећања на многе обичаје, па и црквене празнике:Трновица (Свође), Светилија(2 авуст), Горешљак(26 јул), Петровдан (12 јул), Велика

Госпојина(поред конопничке цркве) и други, на којима смо одлазили у младости на асборима- игранкама и вашарима. Данас је село нестало, све опустело и нема више ни обичаја ни младости ни верских обреда.

Једино су још остале литургије у власотиначкој и конопничкој цркви у времену верских празника, као и ритуално-црквено појање поред „градског крста" на Дан летње градске славе града Св. Николе (20 маја) у Власотинцу.

Као целине у виду чланака, посебно сам обрадио неке обичаје:божићне, свадбене, ускрсне и славске обичаје, док состале обичаје везане за рад у радова у поље, на њиви, одласка у печлабу, везаних за многе животне и обредне циклусе биће овде исказани у фото записима .

У неким поделама обичаји у овом крају су подељени на: ПОРОДИЧНЕ, ПОСЛЕНИЧКЕ и ЦРКВЕНЕ.

ПОРОДИЧНИ ОБИЧАЈИ:-Свадба, Младенци, Рођење, Мали крава̂ј-Повојница(макед.) , Велики крава̂ј, Стрижба, "За кров грађње куће", Усељење у кућу, испраћај у војску, умирање и други......

ПОСЛЕНИЧКИ ОБИЧАЈИ:-Прво орање на њиви, почетак жетве, крај жетве, крај вршидбе, крај окопавања, крај косидбе, ношење земље на шију, печење ракије, обичај грађње куће ("за кров"), одлазак у печлабу и други......

ЦРКВЕНИ ОБИЧАЈИ:- Слава, Божић, Водице (Богојављање), Свети Трифун, Тодорица, Лазарева субота-Врбица, Ускрс-Велигден, Тројица, Спасовдан,

Петровдан, Света Петка-Трновица, Светилија,
Богородица-Велика Госпојина и други ....

Неки обичаји као религиозни и обичаји животног циклуса:
Божић, Слава, Ускрс-Велигден, Прочка-Каравештице,
Свадбе , Младенци и други, предходно су обрађени као
посебна целина у виду чланака-подвукао:Аутор М.М,
2015.г.).

Фото записи су неки лични, неки су сакупљани од
непознатих аутора по селима, а неке су доносили ученици
у ОШ „Браћа Миленковић" с. Шишава-Ломница, СО-е
Власотинце-школа у којој је аутор истраживач као
наставник математике радио до пензије 2013.године.

Има старих фотографија које су својим старим фото
записима непознатих аутора оставили траг живота
сељака и ратника и радости живота младих у
живописним народним ношњама Повласиња.

Записи: 1970-2015.године село Крушевица-Власотинце,
република Србија

2.август 2015.године,
АУТОР

* * *

I

ОБИЧАЈИ ЖИВОТНОГ ЦИКЛУСА-ПОРОДИЧНИ ОБИЧАЈИ: *рађање, крштење, стрижба, одлазак у војску, умирање и други...*

* *

РАЂАЊЕ:-Чину рађања на село је од давнина одаван посебан чин у виду радости доласка једног новог живота на свет.

Радовало се некада више мушком детету, које би било „одмена" за тежачке послове да се биолошки опстане у суровости живота под тусрким и другим освајачима.

Радовало се да се „будућа одмена" ухвати за сабљу, за секиру дрвосече, за косу, за дрвено рало, за снагу која је била сигурност биолошког опстанка једне породице у животу, где су глад, немаштина, неслобода и ропство односиле и доносиле несреће и сејале смрт свуда у планини.

Чину рађања су придавани и посебни обредни ритуали мајки , детету, куму, баби, теткама и другима у ближњој заједници.
Постојали су многи обичаји везани за тај дан, али данас су такорећи многи нестали.

Тако у својим записима етнолог Драгутин Ђорђевић, у свом етолошком делу „*О животу и народним обичајима у Лесковачкој Морави*"-1958.године наводи те обредне радње око породиље и новорођенчета.

Ти обреди у записима су наведени и код многих записивача у Повласињу.

Тако да би се млада невеста срећно породила, око ње је свекрва обилазила три пута и овако говорила:"ја сам ти мађија-Богородица ти је мајка".

Тај обред се сматрао веома значајним, јер се веровало да ће сама Богородица као мајка да помогне лакши порођај породиље.

Чим се дете роди, секла му се попчана врпца. Раније у стара времена то се чинило на село српом, или обичним ручним ножем „чекијом", а потом се пупак превеже алевим (аленим-црвеним) вуненим концем.
Онај ножић-„чекија" чувао се за наредна рађања.

Жени породиљи кад дође из породилишта, под њен кревет се стављала: баштенска метла, гребенци(њима се гребала вуна и конопље-припрема за предење, подвукао:М.М. 2015.г.), *тежињави конци(од кучине-конци направљени од конопља-подвукао: М.М)*, алев (ален) вунен конац, лековита трава морач (ову траву да дете не нападају море).

Испод јастучета новорођенчета се стављала главица белог лука, нож, бела чиста марамица, зрно тамњана и све то тако је стајало за 40 дана.

Има још неких давних обичаја, али у неком другом облику извођења, што још подсећа на значај тог чина РАЂАЊА у животном циклусу човека у овом крају.

Некада када се дете роди, пуцало се из прангија, пушака, попила „крчма"-српска шљивовица, чула музика старинских инструмента, „цепала" кошуља или „газила" капа оца и деде и цепала се бабина „марама".

Некада у плансинским селима Повласиња, жене су се често порађале.поред огњишта, често и на њиви док су обаљале жетварске или друге послове у пољу.

Писца овог чланка 1948.године у планинско село Преданча (Г.Дејан-Власотинце) мајка је породила уз огњиште поред ковчега; јер других оклности у сиромаштву није ни било за нормалан порођај детета.

Касније су деца стављана на сламу уз огњиште, а мајке су често само један или два дана лежале на слами, јер се живело у задрузи само у једној собици поред огњишта.

Неке жене у случајевима пераног порођаја су се порађале, често и у двоколици воловске запреге или у поље или пак чак и на путу до амбуланте; јер у прошлости није било ни путева ни превоза из планинских села Повласиња.

Срединим и с краја 20. века, као и у 21. веку жене се махом порађају уз присуство лекара-гинеколога и бабица у породилишту у Лесковцу.

***Породиљки обред:*-Пре Другог светског рата приликом порођаја детета, породиљи, детету и самом чину рађања придаван је посебан црквени обред.

Тако по рођењу, породиља је с новорођенчетом остајала *„на слами"* док домаћин *„не донесе молитву"* из цркве."

Поред цркви у варошицама:Власотинце и Црна Трава, постојале су у овом делу Повласиња и сеоске православне цркве:Конопница, Крушевица, Кална, Рупље, Велико Бoњинце, Добро Поље, Добровиш,....

Док је породиља са новорођенчетом лежала „на слами", уз *„доношење молитве"*, обавезно је позивана нека млада жена која има дете на сиси да га задоји.

Она је у породици уживала посебно поштовање, а дете би касније, кад одрасте, упућивано да је ословљава као мајку. Прва повијања је обављала свекрва или старија јетрва.

После недеље или више дана дете је одношено у цркву на крштење. У том обреду учествовао је и кум, који је детету давао име.
По крштењу, свештеник и кум почастили би се погачом и још којечим што је мајка донела.

Наредних недеља жене из родбине и суседства доносиле су детету **крвај**:*мали дар, а од јела погачу, уз сир, јаја, главицу црног лука и соли и, наравно, боцу вина закићену муштаклом (цвеће црвене боје).*

По завршеној години, детету се славила*"стрижба"*-данашња слава „једногодишњег рођендана". На тој породичној свечаности кум би детету *„прекрстио косу"*, а мајка га је даривала исказајући на тај начин своју срећу и захвалност.

Многи стари обичаји око рођења детета су задржани или се почетком 21. века поново обнављају.

Тако и данас се често новорођенчад често „огаре“ црнином од црног угља из шпорета на дрва или од гара са зацрњеног котла или тигања, како не би децу хватали уроци.

Од урока новорођена деца обавезно на руку носе „црвен конац“ а и породиља до 40 дана такође на руци или око врата носи „црвени конац“ од вуне.

Данас на се деца рађају у савременијим медецинским условима на почетку 21 века. Породиље мајке имају третман праћења, рашћења и развоја фетуса, као и сам чин порођаја траје у породилишту у Лесковцу уз праћење лекарске екипе за порођај.

Од обичаја који се обновио је СТРИЖБА-„сечење косе“ и „крштења у цркви“ уз црквени обред, што тога није било због идеолошких разлога све до распада социјалистичког система с краја 20 века.

Чак су већином „деца комунизма“ морала и под „старост“ да се „покрштавају“ у цркви уз обред, јер нису могли да буду кумови или старојко или да се удају и жене у једном другом систему вредности живота.

Није наодмет да се помене и време после Другог светског рата око извођења обичаја рађања деце. Тако добро знам у планинским селима власотиначко-црнотравског краја све до 70.г. 20 века су се жене саме уз помоћ својих свекрва и искусних сеоских жена-порађале код својих кућа.

Добро се сећам негде 1956.године када се моја сестра родила, тада у село није било младих мајки породиља, па је тако моју сестру „задојила“ циганка из Дејана, која је тада била „млечна“, па смо се често шалили на рачун сестре:“ није ни чудо што лаже сестра , јер је циганка задојила“.

Добро се сећам да смо ту циганку дуги низ година поштовали када је долазила за неки „благи дан“ у село, па је мајка њима приликом „просјачења“ увек делила све што су затражиле у „просјачењу“, јер је веровала да ће тако да нам се више роди у поље, напредује стока и буде боља печаловина печалбара.

* *

- **Кум** је најпоштованије име. „Кад прођеш крај кумове њиве, пази, немој и прашину са тог места да понесеш, него истреси обућу“. „Ако мислиш да тражиш кума, тражи га далеко од свог места“.

„Зато, кад кума тражиш, нека ти умесе погачу и крени у изгрев сунчев и путуј до заласка сунца, тек кад сунце зађе, ти потражи кума“.

Причали су да се у врањском крају кад неко изгуби кума, било тиме што после смрти кума нема ко да замени, било да се кумство поквари или кум одрекне, оном што ће тражити новог кума умесе погачу, наточе ракију и он пође па у ком га селу затекне мрак, у прву кућу у коју наиђе затражи кумство.

Кад се обаве извесне радње, после доласка из цркве, приступа се ручку на ком се званично саопштавало детиње име.

Колико је некада кум био самосталан у давању имена својим кумчићима, нека послужи овај догађај.

Неки кум крстио дете мушко и дао му име Кузман.

Од друге половине 20. века у нашем крају обичај давања једног имена од стране кум (кумице), често се био „претворио" у помодраство.

Тако је тражено да кум каже три имена и да онда самостално се изабере име детету. Чак су куму саопштаване личне жеље имена, а кум је само аминовао име ради уписа у матичну књигу рођених.

Мајци се то име није свидело, као што бива понеки пут и сада, па молила кума: „Куме, ћу ти дам кошуљу да га раскрстиш!" Он одговори: „Не, него кад се роди друго, ћу му дам име Дамјан - да имаш и Кузмана и Дамјана". –каже о кумству у својим записима 60.г. 20. века у лесковачком крају, лексковачки протејереј (етнолог) Драгутин Ђорђевић .

У овим крајевима југа Србије, често се *кум* толико поштује, да се често може чути и изрека:*"Бог па кум"*.

Према кумству се користи одакле се одређено племе раселило и населило у овим крајевима, јер се кумство према мушкој лози никада није мењало.

После Другог светског рата у овим крајевима већином су кумови са старојком били главни гости на свадбама, стрижби, кравају, крштењима и другим светковинама.

Почетком 21. века када се почело „крштење" деце у цркви, кумови су имали „двоструку" укогу-да буду са сватовима и на два места: у општини (често за крштења и венчања , сада матичари долазе у хотеле) на административне обичаје и у цркви на цветовне обреде; било када је свадба или крштење детета.

Кум се данас нажалост често мења или чак се његова улога уместо световно-обичајну претврила у комерцијално-статусну улогу; што је лоше по очување аутентичних обичаја о кумству.

У свадбеним записима постоје доста записа у народним песмама о куму и старојку.

* *

- МАЛИ КРАВАЈ-ПОВОЈНИЦА:-Чим се дете роди, иако је још не крштено, родбина, комшије, своји, носе породиљи и детету *мали кравај*-звани „*симит":нешто за јело-кравајче, баницу, сутлију-суклијаш и друго.*
То посећивање породиље, детета и доношење понешто за јело, јесте *мали крава-повојница.*

* *

- ВЕЛИКИ КРАВАЈ, или „*Женски д'н",* како га понегде зову, изискује велике припреме и доста издатка да се направи. За *велики кравај* се врше припреме много раније, још пре рођења самог детета. То је обред и то обавезни.
И најсиромашнији родитељи неће оставити новорођенче без *великог краваја* па макар се мало и закаснило.
Грехота је не направити детету *велики кравај.*
Таква деца, веровало се, неће се моћи оженити, или удати.
Велики кравај се прави најкасније за годину дана од рођења детета.
*

Фото запис 2010.г. Власотинце:- За КРАВАЈ се породиљи носи и данас на почетку 21 века ка некада: две велије сира, со, погача, флаша са вином (ракијом) закитена цвећем се носило породиљи......

*

* *

- *СТРИЖБА* је као породични догађај био и по свом карактеру, домаћа свечаност, слична кравају, само је она свечанија и атрактивнија. То је дан када долази кум са женом и прикумком („*прикумским*")-увек *непаран:3,5,7,..; као помоћником да под стриже, „шиша" дете.*

*

Фото Запис извођења старинског обичаја СТРИЖБЕ (почетак 21. век)у власотиначком крају:

- а) *Припрема за „сечење косе" -стрижба"* , сечење *прве косе(годишњака) детету: зелени венац, маказе, капа,, дрен (да буде дете здраво као дрен), клас пшенице.*

Фото запис 24 јануар 2010.године ресторан Власотинце:- Припрема за „сечење косе" -стрижба" , сечење *прве косе(годишњака) детету: зелени венац, маказе, капа,, дрен (да буде дете здраво као дрен), клас пшенице..*
Фото запис: *2010. године. Село Ломница-Средор, Власотинце*
Забележио: Мирослав Б. Младеновић Мирац *локални етнолог Власотинце, Србија*
*

Фото запис 13.децембар 2009.године ресторан Власотинце:- Стари Кум са кумицом из с. Конопнице и „прикумским“ у припреми „сечења косе“ малом Марку (Д.Ломница)....
Фото запис: 2009. године. Село Д.Ломница , Власотинце
Забележио: Мирослав Б. Младеновић Мирац *локални етнолог Власотинце, Србија*

*

- б) Кум „сечење косе"-стрижба", сечење прве косе (годишњака) детета са маказама, која се ставља на „послужавник" или „капу" где се касније од „гостију" добровољно „плаћа"- од госта до госта новцем на „полсужавник" или у „капу" или у „корпицу" - зелени венац, маказе, капа(којој се после добровољно „плаћа" куму за „косу", дрен (да буде дете здраво као дрен), клас пшенице-обичај у власотиначком крају, село Ломница-Средор, Власотинце Србија

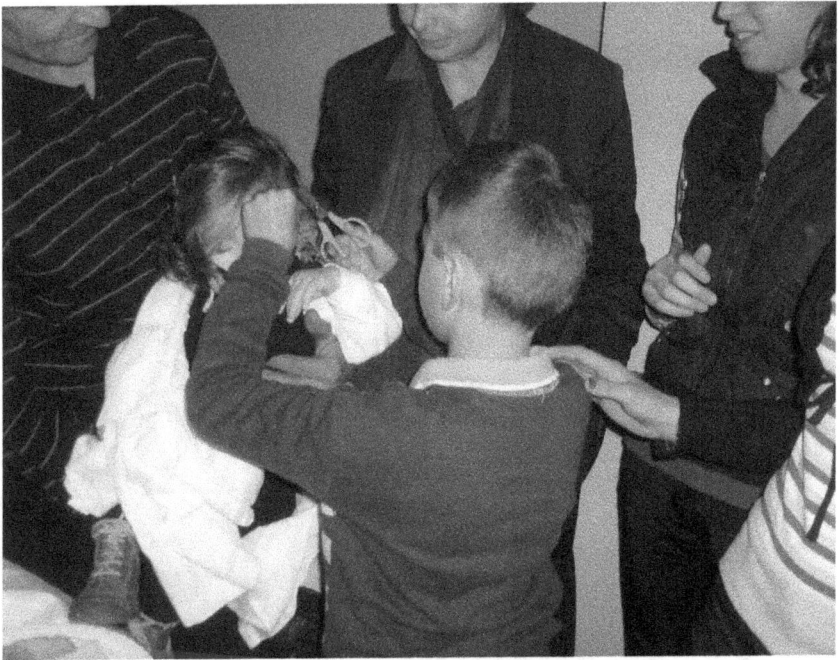

Фото запис 13.децембар   2009.године ресторан
Власотинце:- младо кумче врши обредњу радњу"
„сечења косе" малом Марку (Д.Ломница),....
Фото запис: 2009. године. Село Д.Ломница, Власотинце
Забележио: Мирослав Б. Младеновић Мирац *локални*
етнолог Власотинце, Србија
*

-в)„**Плаћање стрижбе-сечење косе**“ куму за „*стрижбу-сечење*“ косе , *стављњем пара у „капу“ или „ на послужовник“ или „ у тепсију“ или у „корпицу“ од гостију фамилија.*

Фото запос 13.децембар 2019.г. у обредном делу „сечења косе“ малом Марку, на полсужовник са венцем, први ставља обредно новац кум, па онда остали гости позвани на тај дан СТРИЖБЕ; а кум буде за тај изведени обред дариван од стране младог брачног пара са даровима тканим и везаним из домаће радиности са села(ткане черге-ћилими од вуне, чарапе, јастуци везани, везане кошуље, везани чаршави и друго....
Фото запис: 2009. године. Село Средор, Власотинце
Забележио: Мирослав Б. Младеновић Мирац локални етнолог Власотинце, Србија
*

22

Обичаји и Фото записи испраћаја у Војску:

На југу Србије вечита борба за слободу, у сваком човеку у времену свога живота носио је у себи свој слободарски дух.

Тај дух борбе за слободу је још од времена насљавања јужних Словена на Балкан, па преко борбе противу петовековног ропства под Турцима, потом борбе противу фашизма и ослобођење; борбе за националну слободу у свим бунама и балканским и првом и другом светском рату.

Нажалост многи освајачи и пролазници су покушавали да узму тај наш дух слободе преко Турака, Бугара, Немаца и других, али су Срби и остали народи на југу Србије умели и знали да се боре за своју слободу.

Нарочито су оставиле трагове - страдања мушког становништва у балканским, Првом и Другом светском рату.

Да би се сачувала та наша јуначка прошлост, многи су ту борбу за националну и социјалну слободу опевали путем лирских песама и тако оставили траг наредним поколењима да се не забораве корени својих предака.

Јаничарски зулум Турака, Албанска голгота, ратне страхоте од стране Бугара у Првом и Другом светском рату, у овом народу су оставили траг и потребу да се сва та подсећања на прошлост обележавају и отргну за будућа поколења од заборава .

Такав један од тих подсећања је био и ритуално извођен обичај: " одласка у армију".

Тај обичај се неговао и изводио после ослобођења у Другом светском рату све до распада старе државе 90.г. 20. века и потпуне деградације наше армије као једне од патриотских тековина наше славне прошлости у борби за слободу.

И сам као сведок и учесник тих дана на сећања своје младости одласка у армију, нисам могао а да овде мало и више не подстакнем да се размишља на будућност у очувању наших традиционално-историских вредности и спомен обележја, као и обичаја одласка у армију на један другачији начин, уређен садашњем времену живота.

Свака породица, сваки здраво споосбан мушкарац после женидбе и сваке младе невесте после удадбе, су живели за тај дан да им син оде у војску.

У сиромаштву се спремала летовина и пекла ракија, стављао кисео купус и паприке и зелени парадајз у кацама у туршију.

После добијања позива за армију, био је посебно срећан тренутак за младог човека и његову породицу.

Сматрало се да тај чин даје испуњење дуга сваке породице својој држави-отаџбини, да се брани слобода увек када затреба.

Друго, било је важно и за сваког младог мушкарца, да одслужи армију, јер се чак сматрало да свако ко не оде и одлужи војску "је неспосбан за женидбу".

Дакле, ту се гледала и мужевност у погледу женидбе и склапања брака, а и и могућност да такав здрав мушкарац може у планини да ради најтеже тежаке послове, буде добар дрвосеча, орач, косач и печалбар.

Само здрави и и психофизички јаки мушкарци су могли да се изборе у сиромнаштву и невољама за биолошки опстала породице.
Тога дана млади будући војник је био посебно узбуђен.

Девојке из села су обавезно на ревер леве и десне стране капута или кошуље плеле зелене венце од зеленила и цвећа.

На левој страни ревера капута се китило цвећем и парама, да уколико му затреба да се нађе у армији.

Ујутру када будући војник полази у армију, за столом се сакупљало цело село.

Постављало се мезе:кисели купус, сир, паприка, зелени парадјз, супа и купус.

Пило се, мезило и веселило уз музику хармоникаша, кланеташа и тупанџије.

Некада се одлазило у војску уз инспраћај гајдаша, а потом трубача, кланеташа и хармоникашау току друге половине 20. века.

Колико је то био јак обичај са пуно емоција, да смо многи који смо били студенти, ученици или у печалбу, обавезно долазили у село за тај дан испраћаја војника у армију, са било које сстране од Троглава до Ђевђелије, долазили за тај дан испраћаја у војску свог: брата, рођака или друга из детињства своје младости.

Уз балон ракије или вина, са музиком хармоникаша, некада смо чак из својих далеких планинских села, по киши и снегу прелазили дневно у једном правцу по 20 и више километара до аутобуске станице центра у граду Власотинце.

Тога дана са свих страна побрђа и планине су се сливала шаренила младих људи, који су уз музику одлазили у армију.

Старији су били поносни на наше родољубиве песме и младалачки занос, а и обећања момку војнику да га вољена девојка чека до повратка из армије.

Оне у сузама су испраћале своје драге војнике и на мислиле и онда када су негде на стражи по снегу и киши.

Певале су им песме у пољу када се жело, косило, када се чувала стада по планинским врлетима и пашљацима у планини.

Војничка писма са обе стране су дуга, сетна, некада тужна и пуна осећања љубави, наде и среће за будућност двоје младуст у "заклетви" на вечну љубав.

Писац овог чланка је из таквог записа, засновао породицу и провди свој живот у старости из те војничке младалачке љубави.

Сећам се да је у свако село када се полазило у армију, девојка момка војника, обавезно носила закитени дрвени војнички кофер све од села до варошице Власотинца.

Овде ће бити приказани Фото записи тих обичаја испраћаја у војску; који су нестали, али су остала сећања и сета на та лепа времена младости и љубави према својој отаџбини и војсци.

*

Фото запис одласка у војску са старог гвозденог моста на Власини у Власотинцу прве половине 20. века, Николић Душан (1938.г) из село Шишава, Власотинце

* *

Фото запис друга половина 20.века одласка војника у роду Властимира Митића (који је служио војску три године) из село Преданча(Г.Дејан) у војску:-Уз песму"Кад у војску ја полазим и зелено поље газим, срето Стоју где уздише, марамицом сузе брише,..."- Властимира- Власте Младеновића хармоникаша ; уз игру увек веселе младежи, мајке и оца, са поносом и диком за село и отаџбину се одлазило из власотиначког краја да се служи војска.

* *

Фото запис одласка у армију у зиму 60.година века из једног планинског села власотиначког краја:- Уз хармонику, по снегу војник "закитен" венцима, зцвећем и новчаницама коло води...

* *

Фото запис одласка војника у армију из села Д.Ломница из власотиначкога краја..

* *

Фото запис одласка у војску у 20 веку из једног планинског села:-Закитен венцем, млади војник са поносом испред авлије своје куће уз радост мајке, сестре, оца и родбине села весело коло води уз мелодију звуке хармоникаша свога села...

* *

Фото запис одласка у армију у село Липовица (Власотинце); запис за успомену:- тетке, стрине и остала родбина жена и деце у старинској ношњи премењена за тај свечани дан одласка њиховог сина војника у армију....
* *

Фото запис одласка војника у војску у 20 веку са села:- весела поворка родбина војника са хармоникашом уз песму пролази кроз центар Власотинца према аутобуској станици...

* *

Фото запис 1992.г.с. Средор, СО-е Власотинце:-испраћај војника у војску у роду Ициђа....
*

"Кад у војску ја полазим и зелено поље газим….."-Драган Анђелковић(1947.г.) регрут са својим родитељима пред полазак у војску из село Свође…..
(Извор: 2015.г. ФЕЈЗБУК група:"Свође-рај на земљи":
(https://www.facebook.com/groups/330140410098/permalink/101565382054 55099/)
*

* *

Фото запис војника старе краљевске војске између два светска рата испред фотографске радње „Мирковић“ у Власотинцу.....

* *

*Фото запис:-:Капетан краљевске војске
Југославије(Србије) из село Крушевица (власотиначки
крај)-ИЗВОР: непознат аутор..*
* * *

УМИРАЊЕ И САХРАНА: *Село Црнатово*

(*Власотинце*)-У некадашњем Црнатову и рађање и умирање били су много чешћи. Заразне болести односиле су немилосрдно и по више чланова породице.

Најтеже и најболније доживљавано је умирање деце и младих. Смрт старих прихватила је као неминовност. Од ње нико није побегао, „па био јунак, ил р'ђа".

У случајевима боловања старих, довођен је свештеник да болесника исповеди. Говорило се:" Не може да умре док се не исповеди".

Кад би човек умро, породица се бринула „*да се изведе ред*". Покојник је купан, облачен и стављан на постељу, касније на одар.

Над њим се бдело читаву ноћ и пазило се да преко покојника не пређе нешто „живо".
Ако би се то десило, по веровању људи, покојник би се увампирио после сахране.

Родбина и мештани долазили су по дану покојнику запале свећу. У кућу су улазили с речима: „*Бог да прости*"!".
Жене су на одар полагале цвеће, а оне из ближе родбине и какав дар, кад је у питању био млад човек.

За све то време у нарицању за покојником смењивале су се жене из породице или најближег сродства.

Ковчег се правио на лицу места. Док се унутра нарицало, напољу се стругало и ковало. То су радили вичнији мушкарци из суседства.

Опело је одржавано у кући или на двориште, зависно од времена.
Погребна поворка полазила је уз емотивно нарицање жена, а кућа је остављана отворена.
Укућани су се од покојника опраштали код куће, после опела, или су то чинили пре спуштања у раку. У ковчег се стављао и ситан новац „*да се нађе покојнику на онај свет*“.

По повратку с гробља запрежна кола, којима је покојник превезен, остављала би се изврнута крај пута неколико дана.

До четрдесетдневног помена сваког јутра, испред куће, у башти, нарицањем би се оглашавала по једна жена из породице: мајка, супруга или сестра. По истеку тог времена, оне би повремено нарицале, каткад и у пољу или винограду, до навршене једне године.

*

Села: Г.Дејан (засеок Преданча), Јаковљево (м.Рајићево) Власотинце:-

Кад човек у породици умре, онда породица има свој „ред" у погледу поштовања тог чина сахране.

Покојник се прво окупа, обуче новим оделом-Ако је мушкарац, онда се и обрије. Потом се стави на сто и запали свећа уз главу покојника.
Родбина и мештани долазили су по дану покојнику да запале свећу. У кућу су улазили с речима: „Бог да прости"!".
Касније крајен 20. века почело се „опонашати" неки други обичај са запада у погледу исказивања жалости за покојиноком ужој фамили са речима"моје саучешће". Где се то „саучешће" исказује три пута љубљење у образ.

Занимљиво да је нама који смо традиционално са села усвојили неке обредне норме око умирања, тешко то прихватамо, па се често опиремо или „из нужде".
 Тај обред исказивања саучешћа за смрт породици исказујемо са речима „Моје саучешће", јер смо васпитани исказивања саучешћа са речима „Бог да прости!".

Фамилија позове једну жену из села која има улогу МЕСИЉЕ-да спреми храну за покој душе покојника, после његове сахране.

Из села дођу на сахрану сви који су били у сродству и познавали покојника. Његово тело се ставља у ковчег, потом затвори и тера са воловима или кравама на запрежним колима до сеоског гробља.

Пре него што се после паљења свећа над главом покојника на одру, МЕСИЉА „изводи свој ред".
Покојнику ставља тамњан у уши и нос, како се не би увампирио. Трном или иглом га „убоде" у ногу-пету да се не увампири.

Кад треба да се пође на сахрану, покојнику се црвеним концем вежу и руке и ноге и пред стављања у гроб се одвежу.

Када се пође из куће са покојником, сва врата у кући остају отворена и светла упаљена, да му на онај свет увек буде светлост..
Чак и сијалица која је била упаљена док је покојник лежао на столу, гори 40 дана и не гаси се.

После сахране на тај сто-астал, где је било тело покојника, свако јутро се „приноси" храна. Пиће, кафа до 40 дана, како на онај свет покојник не би био гладан.

Тако је тај обичај и на почетку 21. века одржан у с. Преданча (Г.Дејан), где су умрлом покојнику свако јутро стављали на сто-астал: чашу ракије, хлеба, шољу скуване кафе, једну цигарету и онда после се то све бацало.

Кад се пале свеће покојнику док лежи на одар-столу, жене из најближе родбине „завијају"-наричу, исказујући тугу и бол за покојником. За њим се понесе цвеће да се стави на гроб.

„Нарицаљке" жене то чине када се пође са покојником из авлије куће и приликом стављања сандука са покоником у гроб. „Нарицањем"-завијањем се оплакује покојник.

Био је обичај на село да најближа родбина жена:мајка, жена, сестре-за покником „наричу" разним исказивањима кроз плач и реченице као бол и тугу због одласка са овога света.

Некада су жене „нарицаљке" биле на цени, јер се веровало да ако имаш из најближу родбину женско чељаде, које ће у „завијању"-нарицању да исказује што разновснији „репертоар" у помињању покојника, биће му много боље горе на оном свету.

Често се могло чути од старијих жена у времену нашег детињства, како благосиљају што су родиле ћерке, јер кад умру и оду на онај свет, барем ће имати ко да их „оплакује".завија, „нариче" за њима, да се тако спомињу да су живели у своме роду и своме селу.

Ево овако жена нарица за мужсм покојником:"што ме остави, да сама тугујем за тебе. Обаво беше сас тебе. С'г ћу да будем сама ко сиња кукавица. Куј ће ми нацепа дрва, куј ће ми донесе воду, напоји говеда, отиде у печалбу. Куј ће да ми буде одмена у њиву на копање и жетву, леле туго леле кво ћу да си работим без тебе. Дигни се муже да видиш како ми је мени дом саму без тебе...".

Чак у фамилији се мајка или супруга или нека друга најближа жена одреди да „нарицањем" за покојником чини свакога дана на било ком месту за 40 дана.

Тај обичај је трајао све до средине 20. века у селима Повласиња. Завијало-„нарицало" се за покојником на било које место:у авлији, ливади, њиви, пашњаку са стоком и на било које место од стране неке најближе женске особе из породице.

Мушкарци се нису бријали до 40 дана после смрти најближег члана породице. Најближи у родбини носе црнину до годну дана:жене у црнини и мушкарци у црнини,а даљи у родбину жалеју до 40 дана:жене носе барон мараме, а мушкарци не певају, не свирају и не играју за 40 дана.

Тај обичај је одржан и данас у неким селима попут Црне Баре, Средора и других села у власотиначком крају- тако исказујући жал и бол за умрлим најближим чланом породице.

Када се покојник отера у сандук на гробље, онда најближи члан породице „очисти" гроб, кога су ископали одређени мушкарци из села и баце се у гроб гвоздене паре.

Уз плач и тугу са завијањем-нарицањем, покојним се спусти са јужетија у гроб. Свако од присутних баци нало земље са изговором за пкојником:"лака ти земља".

Онда сви скупа одлазе на ручак-која се назива СОВРА, Пре тога се у дворишту или испред авлије „изврну кола" са којима је отеран покојник на последњи починак. МЕСИЉА од хлеба омеси КРСНИК хлеб, на кога се пале свеће.

На ту СОВРУ-ручак МЕСИЉА спрема:воћке, баницу, пасуљ, посне пуњене паприке,рибе или печење. Тако редом све послужује, као и пиће.

Кад се заврши тај обред месиља са две флаше:воде и црног вина „послужује" сипањем по мало у тањир све присутне на сахрану.

Када се заврши СОВРА, онда на тај КРСНИК се од стране домаћина куће који организује сахрану покојнику, ставља дар МЕСИЉИ:блуза, марама. чарапе, пешкир, постељина, ћебад и неки динар новца.

На СОВРУ-ручак долазе и они који су копали гроб покојнику. И њима се даје дар: кошуља, пешкир, чарапе и неки динар новца.

Ујутро родбина изилази на „прво јутро" покојнику, пале се свеће, нарица-завија и ставља храна, воће, цигарете, и друго на гроб. Нешто поједе и попије за „душу" покојника.

До 40 дана сваке недеље се иде па гроб покојника. То је „прва совра", онда се прави „друга совра" на пола годину и „трећа совра" на годину дана, када се скида црнина са куће и црнина на најближој одећи фамилије.

После 40 дана на гроб покојника се иде на сваки „добар дан"- верски празник.
Од сваке ове три „совре" увек када се зову људи из села, према обичају се увек „умањује" по једна кућа.

Од ствари покојника, све се баца у долину:постељина, черге, сламарица, рагожа и одећа и обућа да сама по себе скапе. Не сме да се спаљује јер се сматра да ће се тиме упалити тело покојника.

У граду тај обичај сахране се изводи на гробљу у капели, а поворка не иде као некада градом за покојником кога су терала мртвачка кола.

Тамо се отера покојник у сандуку а родбина и пријатељи оду на гроб и тамо се обавља тај посмртни ритуал за покојником на гробљу. Онда се сви разилазе кућама.

Једино код насељеника у град Власотинце, са сахране се иде на вечеру-совру код куће покојника као што је и био обичај сахране у село из кога су се населили у Власотинце.
Запис 13.август 2015.г. Власотинце
Казивачи: Драгица Стојичић (1960.г.), Мирослав Б Младеновић Мирац (1948.г.) с. Г.Дејан (Преданча), Власотинце-живе у Власотинце
Забележио: Мирослав Б Младеновић Мирац, локални етнолог, Власотинце, Србија
* * *

II

ПОСЛЕНИЧКИ ОБИЧАЈИ:-Прво орање на њиви, почетак жетве, крај жетве, крај вршидбе, крај окопавања, зантлиски записи, крај косидбе, ношење земље на шију, печење ракије, обичаји градње куће("за кров"), одлазак у печалбу и други......

*

ПРВО ОРАЊЕ НА ЊИВИ - Кад орач стигне у њиву, облачи белу кошуљу, или је само пребаци преко главе и почне да оре. Попије домаћин чашу ракије, помоли се Богу, прекрсти и почиње да оре прву бразду.

Кад домаћин орач се ухвати да оре ручно запрежном стоком или коњем прву бразду, приликом благосиљања, домаћица која је такође са белом марамом на глави потврђује крстећи:"Дај боже, дај боже...".

Домаћица која „води" говеда у бразду, овако благосиља „'ајде боже помогни, да никне жито, да га вране и сојке не искључују и друге штеточине, да буде родна година и буду пуни абари"-тако је често говорила и моја мајка када сам као младић често у планини села орао прву бразду дрвеним ралом или ралицом.

Са смањењем сиромаштва у брдско планинским селима Повласиња се орало:воловима, кравама и коњима. Сиромашни су орали дрвенном ралом, ралицом а богатији касније у другој половини 20 века са плугом.
При крају 20 века сви су орали ручно са гвозденим плугом.

У свим селима овога краја да су скоро били исти обичаји када се орала прва бразда у њиви, било у току јесени или у пролеће.

Говеда су била закитена на чело са црвеним концем, босиљком и женком; као и само рало за орање њиве.
Да би се растерале птице грабљивице приликом орања. Често се подвикивало:"уа, уа..." или се бајало на њиви и правиле разне врацбине.

Веровало се и од урока, па се често док се ишло на прво орање ишло рано зором да се нико не сусретне у село, јер се сматрало да ако се сретне лоша особа биће лоша година за летину жита.

Када се доручковало, у планини се уз доручак прво „прекстси" поново благосиљало и пила ракија шљивовица, док у време доручка у   селима:Црна Бара и Средор се пило вино.

Записи: 1976.г и 2015.г с. Преданча, Црна бара и Средор
Казивачи: Мирослав   Младеновић (рођ.1948.г.Преданча), Јован Петровић81943.г.с. Црна Бара) и Ивица Ицић(с. Средор), општина Власотинце
Забележио: Мирослав Б Младеновић Мирац, локални етнолог Власотинце, Србија
*

Фото запис 1978.г. село Крушевица, Власотинце:- Овако се некада орало кравама аутохтоне расе и плугом на село у власотиначком крају....

      * *

ЖЕТВА. Почетак жетве:- Кад се дође на жетву у њиву први пут, радник, први с десна је "постација". Он започиње жетву на тај начин што својим српом ожање нешто стабљики од сазреле пшенице (ражи или овса), направи од њих уже и њиме се око паса препаше. Касније 70.година то није рађено, него "постација" само "прекрсти" две "рукољке"(руковати) сазрелог жита и онда започиње жетва српом, када се "истера" један ред од "одоздо" на горе(или у "ширини") од почетка до краја њиве.

Моја мајка је увек била "постација" имала одмет у жетви са српом, а и била је и песмопојка жетварским песмама.

49

Жетварке су обавезно биле обучене све у белом:бела марама, нбели фустан, бела рекла.

Чак када се први пут жело у току летњих врелих дана, старије жене су носиле и везане кошуље, као прославу радосног дана да ће да се први клас жита однети и тако однети прво жито да се самеље у воденицу и појеби први житни хлеб.

Жетва је зато био радосни дан за све у пордицама, јер се више није страховало за глад и немаштину.
Зато се и посебан ритуал око жетве вршио у свим селима овога краја, јер се живело у немаштини и често гладовало.

"Постација" одређује колика ће површина (део њиве-"постад") да се жање, у зависности од броја жетаоца. У планинским селима су често жене, снајке и девојке биле жетаоци, док су мушкарци одлазили у печалбу.
Док у равничарским селима су сви мешвито-мушко-женски се радило са српом на ручну жетву српом.

Моја мајка је увек била "постација" имала одмет у жетви са српом, а и била је и песмопојка жетварским песмама.
* *

Фото запис 1975.г.с.(Преданча(Г.Дејан)- жетварка „постација" Марица (Мара) девојачко Стојановић-Младеновић (1925.г) са својом снајом жању ручним српом: песнопојка у лазарицама, певала жетварске песме, јуначке песме и усмени приповедач....

* *

Завршетак жетве:-Кад се пак заврши жетва, исти "*постација*" посече мало од преосталог класја, завеже травом и пољским цвећем и то је "*богова брада*".

Ту киту од пшеничног класја завежу за *срп* "*постације*", па то он стави преко рамена.

Са "*боговом брадом*" иду сви кући, а постација да не би проговорио до куће, јер ако то учини "не ваља се", узме у уста воду и пође.

Кад дође до куће, постација иде код амбара где се чува пшеница, ту остави, "*богову браду*", проспе воду из уста на жито у амбару ако га има и баци све српове унутра.

Било је и оваквог обичаја приликом *завршетка жетве*:- Жетварке сплету од класја на крају жетве у виду квадратно-правоугаоног облика у виду "плетеног" плота од грања на село.

Са једне стране се исплете ручица, а на другој страни се исплете у виду дужине правоугаоника од класја жита.

Тако "оплетена" житна фигура је у облику "*лесе*" за затварање (као вратанца у дворишту сеоског домаћинства) и често је у у димензијама правоугаоника према родној години жита: 15см х(6см+7см класје жита=13 см).

Таква "*житна леса*" правогаона фигура се однесе и налачи на амбар, како би била симбол родности године.

*

Фото запис 1975,г, завршетак жетве, "везују" се "јужјем" последњи снопови жита, који ће се поставити у "крстини".....

*

Фото запис почетком 21.века:-Завршена жетва жита зденута у "крстине-највише саржи 16 снопова ожетог жита" некада је чекала вршидбу кравама или коњима...
* *

Крај вршидбе:- Жито се врло на гумно око "стожета" са јармом говедима или коњима. Када се први вра' насади сноповима жита, прво се говеда заките, онда у белој одећи жена домаћица уз благослов почне да почне вршидба. Када се зав рши вршидба онда се закити венцем и цвећем стоже, као знак радости завршетка великог посла летине у породици.
*

Фото запис 1976.г.с.Црешњево, Порече (З.Македонија):-
Вршидба коњима...
Забележио:Мирослав Б Младеновић Мирац
*

Фото запис друга половина 20 века:- Вршидба жита на гумно на старински начин кравама у с. Преданча (Г.Дејан) општина Власотинце

Забележио: Мирослав Б. Младеновић Мирац

Фото запис 1976.г. :- На гумно "стоже" је закитено пољским цвећем, што означава крај вршидбе, али се сакупља плева и жито веје на стари ручни начин као овде на слици...

Забележио:Мирослав Б. Младеновић Мирац

* *

КОСИДБА. Ако је косач сам онда благосиља почетак косидбе. Ако је већа група косача онда се направи редослед косача према брзини коења траве.

Када се заврши ручна косидба, косач обаезно од пољског цвеча направи венче и окити косу и онда је однесе пред ајат и остави на чивилук као знак радости једног једног од најтежих пољопривредних радова на село.

Косач мора да буде добар мајстор у одабиру косе, начину оштрења и ковања косе са чекићем на наковању за сваку врсту траве.

*

Фото 60.г. 20.век, запис с.Преданча (Г.Дејан, Власотинце:- жена печалбара Марица Младеновић (1925.г) као косач "замена" мужу печалбара, да се покоси, осуши сено и здену стогови са нејаком децом у планини......

*

Завршетак окопавања њиве (кукуруз, кромпир, пасуљ):- Копачица обавезно закити пољским цвећем задњи струк окопаног кукуруза или окопану јамку кромпира. Често се плео и венац и стављао на копач и носио на раме кући и весело одлазило уз песму.

*

Фото запис раднице из села:Орашје, Козаре, Грделица, Ладовица, Кукавица, Стајковце и Конопница у окопавању борвних садница 60.г. 20. века у РАСАДНИКУ зем.задрруге из Власотинца

* *

Занталиски Записи:

Браћа Стојановић Радосава(Млачиште) Куртићи(Отац Софроније):- Огњен и Вуксан, Петар, Павле и Страхиња-отишли у печалбу, сви одрасли за фанглу и мистрију-сви из село одлазили у дунђерлук.када су одлазили њихова мајка је спремала пртене марамице завезане у чвор и у њој млаво, прашине, пепела и брашна сакупљеног између она два камена у кући:"Узми ово синко. То ће да те чува, да те пази од зла, од света, од урока. Увек га имај при себи".

Очеви су избегавали овакве растанке печалбара, често одлазећи у појату код стоке или у воденицу. Отац наметне секиру на рамо и уђе у шуму те обара храстове благуне. Лети је од тога дељао дуге за бурад, правио сршанице, гчавчине, паоке и гобеле за воловска кола.

*

Стари Занаталије.- Мањачким друмом у село долазе занатликје:-косачи из Дикаве, кујунџије из Призрена, ситари, вретенари и гребенари из Грделице, рабаџије из из Предејана: крушкари, јабукари, грожђари, паприкари; катранџије са Таре и Златибора, поткивачи,, Цигани калаџије и остали мајстори других заната и путнмици намерници са Мораве или одозго кад крену у печлабу. На тромим коњићима, магарцима и мулама, претоварених сепета и сандука, или у таљигама и тешким воловским колима са кожевима и тршељима, они су проносили целим крајем своју робу, узвикујући испред сваке капије врсу свог заната или оно што нуде на продају.Караванџије су стално пролазиле селима овим крајевима.

*

Косачаки алат-Коса-Оборим у откосе, кад сено замерише. Коса кад фијукне, а скакавци се разлете око мене, срце се разигра, а душа зарадује. А сутра се лепо просуши те га зденемо.Силовито замахује косом, претварајући најлепше бокоре траве у дебеле откосе.

(**Записи из:**-Радосав Стојановић: Црнотравске приче, Просвета, Ниш, 2002, Забележио (2010.г.) из „Црнотравских прича“:- Мирослав Б Младеновић Мирац локални етнолог и историчар Власотинце)

* *

НОШЕЊЕ ЗЕМЉЕ НА ШИЈУ. У споровима. Око међа - "слогова" и граница, у народу се много пута решавало на старински начин - ношењем "буса" – земље с товаром на врату ("шији").

У насталим споровима око граница, слогова, једна страна одлучи да пренесе бус и тиме утврди границу њиве или плаца.

Бус та парнична странка стави на оно место где она тврди да је прави слог, и тиме је спор одлучен.

Она странка је узела сву одговорност за тачност тврђења. И ако је криво пронела бус, криво ће и проћи.

Бус та странка узме, стави иза врата, на шију, па иде и спусти на граничном мету. Тиме је све решено.

И данас јос тога обичаја има по селима - и данас се носи бус на шији у спорним случајевима око утврђивања границе.

Ношење земље на шији је врло озбиљна ствар и многи у тим малим споровима око слога, не би носили ако нису начисто са границом, или слогом.

Сматрало се да је то једна од најтежих клетви коју онај који поставља бус сам себи изриче.

Тако аутор овог чланка је чуо од своје супруге македонке (с.Црешњево, Поречe, З.Македонија) да се овај исти обичај "ношења земље на шију" постављала у споровима око постављање међа. Тако је њен парадеда 1944.године у доказивању "пролаза пута", кога је као сам трсио и правио, мора по налогу супротне стране-комшије, који се ту касније населио-да стави на шију торбицу казињаву са земљом и "четвороношке" лази том стазом сеоског пута и "отвори" птолаз изласка из куће као пролаз. Поставио је ту међу и тако је добио "пролаз". Кажу да је та фамилија доживела "божју казну" за кривоклетство, што су заузели туђу земљу-сеоски пут, па су доживели несрећу у Другом светском рату-један од њих је погинуо.

* * *

ОДЛАЗАК У ПЕЧАЛБУ:- Одлазак у печалбу за сваког печалбара и његову породицу је био значајни дан. То је тренутак када се растаје од породице са надом да ће се тамо негде „у белом свету" зарадити новац и тако себи и породици обезбедити да се преживи у сиромаштву планине.

Често у црнотравском крају се препричавало, да када се дете роди одмах га отац мистријум удари по задњицу, како би када порасте био зидар-печалбар.

То је дан муке и туге, а сам чин одласка праћен је био разним ритуалним обредним радњама.
 И писац овог чланка је био печлабар и пролазио кроз сва животна искушења живота и изводио у младости све ритуалне радње везане за пелабре.

Када се први пут одлазило у печалбу, онда цело село Вам је доносило „велигденски колач". То је био обичај, веома значај подрше села да се младом печалбару помогне да се снађе у суровости живота ван куће у свету.
Младим печлбарима почетницима су у капуту ушивали неке мађије.
То се чинило да би се дете заштитило од урока

Код излазних врата стављао се жар на лопатици, тестија са водом, и „препречи" секира сечимице окренута нагоре.

Печалбар прерипи(прескочи) жар на лопатици, затим секиру, па воду, или обрнутим редом. При скоку, сваки пут изговара:"Прерипи огењ, не изгоре се, прерипи секиру, не исеко се, прерипи воду, не удави се!"

Кад направи први закорачај из куће, трипут се прекрсти, изађе из, куће а за њим се прсне вода „да му све иде као вода". Цео церемонијал чини мајка. Остали укућани прате и слушају наређења, заметну печалбарске торбе и носе их до места растанка.

Због стида и превеликог поштовања према родитељима, жена и муж су морали да се суздржавају од приснијег понашања. Кад сви изађу из куће, врата остају отворена да би се печалбар вратио. Врата су остављена отворена и зато да му свуда „буде отворено". Тога дана ништа се није давало.

Када се печалбар шаље у печалбу, тога дана кућа није смела да се мете да се печалбар негде не смете.
Тих дана махале села оживе: уске стазе врвс од мушкараца којима су торбе на рамену; њихове жене носе погаче, тепсијарке банице, флашом ракије, баратке вина заструге сира и друго. Жене носе а испред њих корачају мужеви. Понеки јашу на коњима.

Кад стигну у печалбарску кућу, расположеени људи поседају за сто, па уз обилато мезе пију ракију, понајвише грејану. Она им надражи језик, тако да о свему причају и размењују мишљења. А стари људи, искусни печалбари, сада онемоћили млађем нараштају саветују, са жељом да добро прођу у печалбу и да их свуда прати срећа.

Сећам се и својих одласка у печалбу. Део обреда с ватром, секиром, прагом и водом изводила је и моја мајка. Било је много суза у нашим дечјим очима, у очима мојих сестара и мајке.
Ни отац није могао да сакрије тугу и бол. Пољубили бисмо оца у руку, а он због патријахалног васпитања нас никада није љубио, само би нас помиловао по глави и рекао:"да слушате мајку" и изговорио ону тешку реч:Збогом".

Када се одлазило у печалбу, много се пазило ко ће први да сретне печалбара када крене од куће. Женско чељаде је било непожељно, па се тај „сусрет" намешти да буде мушко чељаде, кога породица воли и који ће донети срећу печалбару у заради.

Ако женска чељад буде „пресртеач" онда се носи тестија пуне воде да би печалбарске кесе биле пуне пара.
Није било пожељно да „ресретач"каже „Добра ти срећа", већ мора рећи: „Ако Бог да" (куда идеш- у преводу). Дакле, Бог се морао поменути, јер се вровало у његову помоћ у печалби.

После испраћаја печаловника, љхове жене су ломиле гранчице и њима китиле кућу („Колико гранчица, толико иљадарке да запечали"). Често су неке младе кршиле грану глога, па трном качиле за капут, како би јој муж печалбар се закачио и био јој веран до повратка из печалбе.

Неке су жене у веровању копале вртипоп(белу раду) и засадиле испред авлије, па гледале колики ће бус израсти, толико ће пара зардити њен печалбар ун печалбу.

Данас на почетку 21. века црнотравски и власотиначки крај је потпуно такорећи нестао у селима где се некад печалбарило и одлазило у печалбу.

Нема више ни села ни печалбара, само су остала сећања и ови записи о печалбарима.

Још у које планинско село близу Власотинца (а и у самоме Власотинцу), потомци црнотравско-власотиначких печалбара и данас су још печалбари у: Војводини, Хрватској, Словенији, Босни и Херцеговини, Неготинској Крајини и Црној Гори.

Неки су постали познати цигларски а неки зидарски предузимачи и ван бивше старе Југославије.

* *

ОБИЧАЈ ПЕЧЕЊА СРПСКЕ РАКИЈЕ РАКИЈЕ У ВЛАСОТИНАЧКОМ КРАЈУ:

Обичај печења ракије шљивовице:- Печење ракије на старински начин у власотиначком крају је посебан обича који се ритуално изводио од брање шљива, преко стављања у кацама да "сташу"-превру, изврши врење, до печења ракије на старински начин у казанима озиданим са кућиштем, капаком који је био предходно дрвен (касније од земље печен као грнчарија) као и каца у којој се сипала вода да би се хладила лула кроз које је пролазила пара и дестилацијом се "претварала" у течност-ракију.

Често смо и ми деца прутем(вијугаста младика дужине 7-8 метара) "млатили" шљиве , а после тога у непроходним трњацима их брали у котлетија, потом у џаковима и врећама носило се на леђима до куће и стављало у кацама . Био је то тежак посао на село у планини односно родно село Преданча (Г.Дејан). Ракија је имала посебан ритуални обред на село. Пила се када се рађало, када се правиле свадбе, одлазило у војску, када се пило за "крчму" телења краве, куповину земље, прављење куће, одласка у печалбу, када се умирало "за душу" и у сваком "добром дану". Пила се ракија, мека, љута, грејана-у зависности од значаја слављења одређеног догађаја и годишњег доба. Ракијом се на село на дружељубив начин исказивало српско гостопримство, дружење и "разговор" са комшијама, родбином на славама и у свим приликама живота када се исказивала радост или туга живота у планини или печалби.

Ракија се пекла од шљива:ситница(дрисна-џенерика), белица, србијанке,модрице ("маџарке), јабука и дивљих крушака.

У овом крају по печењу ракије односно српске шљивовице од аутохтоних сорта шљива: србијанке и модрице, била су позната села:Крушевица, Црнатово, Средор, Ломница и друга околна села; док у другим планинским селима се пекла ракија о других сорти шљива и дивљих крушака.

Ракијом се некада трговало и терала на продају запрежним колима у пусторечком крају, а села из побрђа су на коњима носила и трговала ракијом у селима дела Црне Траве и Власине.

Моји родитељи у своје родно село Преданча (засеок села Г:Дејан, касније административно проглашено као село) у општини Власотинце, 80.година 20. века били добри мајстори печења ракије на старински начин.

Много је било таквих мајстора и у осталим планинским селима у власотиначком крају. Тада се пекла здрава и чиста ракија, која је чак служила и као лек за циркулацију а и пила се приликом обављања тешких физичких послова на село или у печалбу, да се добије апетит и очува здравље.

Мој отац је зивео 85. година. На тако дуг живот поред планинског ваздуха, воде и здраве хране- утицај је имала и чиста српска љута ракија.

Сваког јутра и у подне попио бих пре оброка једну чашу љуте ракије, у умереној мери за циркуалцију и одржавање виталности и здравог начина живота за тежак физички рад горштака.

До задњих дана је долазио пешице из села на пазарни пијачни дан до Власотинца, препешачећи у оба правца преко 30 километара за један дан.

У дубокој старости обављао је све тежачке послове на село.

Због тешких околности живота, нисам имао прилике да дирекно да направим запис и опишем обичај печења на старински начин ракије од својих родитеља, који су умрли 2004.г у дубокој старости, али сам направио запис од свога бату Јована Станковића из с. Преданча, који је и сам научио прави занат печења ракије од мојих родитеља у планини.

Данас на почетку 21 века још мало негде у приградским селима(па и на периферији града Власотинца) постоји тај стари традиционалан печења старе ракије препеченице:било од шљива или грожђа.
Било би добро да се овакав старински начин добијања алкохола (печење ракије) на образовање оваквох типа етно села, ради очување наше традиције и културне баштине Срба у очувању националног идентитета.
*

*Фото запис 2009.године:-*Печење ракије на старински начин у старинском казану у село Комарица, Власотинце, југ Србије, република Србија

*

Фото запис 2014.г печење ракије на старински начин на периферији Власотинца...

* *

Печење ракије од дивље крушке-Крушкова ракија:

Прво се скл'чу дивље крушке у дрвено корито, сас дрвени чук или „туч" за кл'чење крушке у дрвено корито, које се напрај од труп'ц , ондак сас држач, скога се диза и спушта, такој кл'чу крушке.
Т'г се обавезно тура по једна кова вода, к'д се турају склцане крушке у кацу.

Ондак се тој тура у кацу па чека да проври, да сташу и онда се пече ракија од дивље крушке на старински казан.

Од казан мож' да искочи 5-6 литара ракија или од 7-8 литара ракија по казан(,,мека ракија").

Да би се добил ПРЕПЕК без шићер(,,љута ракија"), ондак се у казан сипа ракија од три (3) испечена казана ,,меке ракије", а рество се допуни сас комине од дивље крушке из кацу.

Од јед'н казан се ,,извади" 7-8 литара ПРЕПЕКА (,,љуте ракије"-а ако се на казан тури 5 килограма шићер, ондак се испече ПРЕПЕК (,,љута ракија") од око 15 литара ракија ПРЕПЕКА (,,љута ракија").
Допуна: Мој отац Благоје(1920.г.) и мајка Марица(1925.г) Младеновић су пекли на казан најбољу ракију ,,крушковачу" у крају од дивљих крушака, где смо имали ,,крушкар" у родно село Преданча(Дејан) на коси планине Букове Главе (1330.м) места Белутак(око 900.м)-(подвукао М.М 2010.г)
Запис 2010. године с. Преданча Власотинце
Казивач: Станковић Јован (1940.г) село Преданча(Дејан) Власотинце
Забележио: Мирослав Б. Младеновић Мирац локални етнолог и историчар Власотинце
*

Фото 24. април 2015.г. с. Преданча (Г.Дејан), Власотинце:-казивач Јован Станковић(1940.г.) са козама, посматра у цвету шљиве од којих ће у јесни да испече добру ракију шљивовицу..

✢

Обичај печења ракије шљивовице:
У нашо село Преданча ћу ви испричам какој се пече ракија о шљиве (твоја баба Љуба ги викаше сливе).

Збирамо разне шљиве за печење ракије: ситне (дрсисне), белице (беле), „ранке" шљиве и на јесен „јесењке" („маџарке"), па ги турамо у каце да сташу.

Млатимо ги сас прутеви од младике по неколко метра, па ги ручно ги беремо у крошње, а с'г у кове, па у вреће и џакови у дрвена двоколице сас краве терамо дома.

Нек'д су ги терали у лесарке и у кошеви да не истече сок, а д'нске ги турају у најлон џакови , па узбрдо се носе или на грбину до пут па у кола говеђа.
Куде нема путеви онда се носило на грбину праву у вреће и турало у каце у подруми.

Најбоља ракија се пекла од „маџарке"(јесењке)-неки ги вику и „модрице", а у Шумадији „пожегаче".; па ондак од „белице"(које сазревају негде у август), а „остале у јуни и јули месец (има ги разне врсте: жуте, црвене, црнице, шарене, пепељасте (крупне и ситне по величини).
Ете ћу ви с'г казујем какој се пече ракија од овеј шљиве.
Сви су били мајстори, ал од твују мајку Мару неје имал по бољ' мајстор за печење ракије од шљиве.
Она гу жутеше сас лисје од ора' или од липу или од неке миришљаве лековите травке, па тај ракија је била увек сас мирис и имал добар „шмек".
Шљиве се оберу и сипу у кацу да сташу, да буде врење. Тој траји од 10-15 д'на.
К'д на вр' кацу комине ги увате „ситне мушице" и чорба буде „кисела-тој ти је знак да треба да се туру комине из кацу у казан и пече ракија од шљиве.
Онда се приступа да се пече ракија.

Напрaји се казан код мајстора казанџију, као гвоздена посуда у којој се турају комине и куде ће под јаком ватром да се пече ракија. Тај казан се добро сазида, а испод се остави огљиште куде се турају дрва и ложи ватра.
Казан се напуни сас комине од шљиве.
Одозгор се на казан тури „капак", а около казан сас блато се „повеже" сас „капак" да к'д се „испарава" не одлази напоље пара, која се збира унитра у „капак"(који је шупаљ и има „продужерну" шупљу цевку , а све је тој напрајено од иловаче и испечено куде грнчари а нек'д је тај капак бил

од дрво), а горе на вр' на „капак" има мало широко ко паниче куде се сипа вода да се 'лади.

Тај продужетак капака иде у кацу која је пуна сас воду, а онда преко луле се дестилацијом пара претвара у течност и на „лулу" из кацу потече ракија као течност.

К'д се ложи казан прво се почне сас „тију" ватру, јер ако је ватра јака може да се „избљује" казан, односно да потекне одма" комине уместо ракије. „тија" ватра се „држи" све док не потекне ракија на лулу. Па к'д потекне ракија онад се ватра постепено стабилизира, да не „избљује" казан.

Ватра мора да буде таква да на лулу ракија тече као вода на извор, а смањује се к'д почне да се завршава печење ракије.

К'д 'оће да се ракија „жути" тура се шумка од јабуку на цедиљку, која стоји на БУЧУГ (дрвена посуда у којој се сакупља ракија)

Задњи део течности код печења ракије се зове ПАТОК, то је веома слаба ракија, која се скупља и после поново ставља к'д се пече други казан ракије од шљивовице.

К'д почне да слабо тече ракија на лулу, онда се БУЧУГ изм'кне, ел је ракија слаба и тој иде „паток", који се збира у другу посуду и врта у други казан к'д се пече ракија.

За мерење колко је литра испечено од казан од шљиве, служила је справа РАБУШ.

Тој је била дрвена мерка, која је била нарезана на штапу:"1кг(литра),2кг(литра),5кг(литра),15кг(литра)....".

Такој од ситне шљиве највише од јед'н казан искочи „мека" ракија до 10 литара, а љута од „три казана"(30 литара меке ракије) искочи до 15 литара.

Од шљиве (сливе) „мацарке"(„модрице"-плаво затворене боје) или „јесењке" (пожегаче), могло је да искочи „мека ракија" од 14-15 литара, а „љута ракија"(3.15=45 литара меке) да искочи 25 литара „љуте" ракије шљивовице.

Од шљиве „белице" мека ракија ако су добро зреле , је „средина" између „ситница" и „мацарка" шљива у печењу ракије.

Тој зависи од зрелост, крупнпоће, годину какој су родиле по крупне ил' по ситне или дал' су имале више „шећер" или су сазреле по кишу и киселе или зелено обране, па је и ракија по квалитету и количини туј негде на „средини" по јачини и количини од „ситница" до „мацарки шљива.

Твоји су имали млого добру ракију од „белице", а твоја матер Мара је била мајстор над мајсторима за печење ракије и од шљиве „белице" а твој башта Благоја је пекао више ракију „крушковачу" од које се зими грејала добра ракија за славе и свадбе,а и љута ракија се пила за свадбе , славе и светковине а и к'д се работило у поље и тешка печалбарска работа.

Она ни је била ,лек за добро здравље и расположење и дуг живот у планину.

К'д се пекла ракија, обавезно под казан у огњиште се пекло зелено класје од царевице а и пекли се планински компири у пепел.

К'д се пекла ракија јесени, појало се и пила ракија, па се нек'д и претеровало.

К'д се пече ракија најопаснији је први млаз од ракију, 'ел је она најљута.

Туј кој пије одма се опије, а она вата ко „жива ватра".

 Млоге су песме испеване од казамције и од ракију, које се и данас поју на славама и свадбама овога краја, па се с'г поју и по градови куде су се наши из села иселили по Србију.

Запис 2010. године с. Преданча (Г.Дејан) Власотинце

Казивач: Станковић Јован (1940.г) село Преданча(Дејан) Власотинце

Забележио: Мирослав Б. Младеновић Мирац локални етнолог и историчар Власотинце, Србија

* * *

Обичаји градње куће("за кров"):- Када се кућа гради, онда се на темељ нешто "закоље" као нека "жртва", да би кућа била сgrаđen и у њој било радости и весеља у породици.

Некада су из оскудности клали нешто мање бравче, а касније 80.година се обавезно "на темељ" клало прасе, јер његова крв је "освећење" темеља и доношење среће у будућој саграђеној кући. Обавезно се на темељ омеси погача, баница и домаћин уз благослов, ту испече печено прасе и мало се темељ залије вином и ракијом, за здравље и срећу оних који ће у њој живети.

Градња куће је код нас планинских горштака било нешто свето, јер смо потомци номадских племена сточара и оних који су били у вечитој бежанији од турског зулума и увек се живело по овчарским колибама и касније ишло у печалбу и тамо оскудевало за нормалан живот.

Нама су често жележничке станице, клупе у парковима, колибе по врбацима била преноћишта, па је свако од нас печалбара желео да себи направи сталан дом за живот своје породице.

Зато је и овај крај постао печалбарски: дунђерско-зидарско-цигларско-црепарско-ћеримициски и пинтерско-качарски.

Одлазило се рано у пролет а враћало у породици у касну јесен.

Многи од тих печалбара и данас граде куће у белом свету, али некада се не стигне да се и себи сагради топли дом. Зато је кућа и њена градња постала ритуално божанска за планинског горштака. У њој се налази тај душевни мир живота. Зато толико се и у њој улаже све што се у животу стекне и у њој се доживи целокупна радост и туга у животу једне пордице за њен век живота.

Од вајкада се знало да када се гради кућа: било градња пруђем и блатом, са блатом и лемезницама или зиданица циглом или чврстом опеком-онда када се дође до крова, носио се домаћину и мајсторима "дар за кућу".

Свако од родбине или комшилука је обавезно носио закићену флашу са ракијом или вином, кошуљу, везане пешкире, чарапе, постељине и уз честитку домаћину се све то стављало на кров.

Домаћин те новограђене куће је у тој још неопремљеној просторији спремао ручак и дочекивао родбину и пријатеље уз музику.

Некада су то били сеоски музиканти од фрула, гајдаша, тупана, хармоникаша, до трубача и кланеташа.
На село се некада славио и посебан дан "уласка" у нову кућу као КРАВАЈ.
*

Кравај за улазак у нову кућу:-Омеси се од брашна кравај, са рупом на средини, у којој се удене стручак босиљка, и још га некаквим крстатим знацима и змијоликим облицима украсене домаћице куће. Заједно са семенкама стављају га у клашњењу торбицу, на рубу извезана црвеним концем, која се обеси на клин на масном довратку. Обичај из села Млачиште-цротравскога краја средином 20. века

*

Фото запис новембар 2010.године Власотинце:-Свако од родбине и пријатеља је донео дар, који је постављен на крову будуће саграђене куће.Дар се касније подели мајсторима који су саградили кућу према „старешинству" мајсторства.....

* * *

III

ЦРКВЕНИ ОБИЧАЈИ:- Слава, Божић, Водице (Богојављање), Свети Трифун, Тодорица, Лазарева субота-Врбица, Ускрс-Велигден, Тројица, Спасовдан, Света Петка-Трновица, Светилија, Богородица-Велика Госпојина и други
*

СВЕТИ ТРИФУН. Прославља се 14. фебруара по новом календару, на дан његове смрти.

У случају светог Трифуна црквено и народно веровање се поклапају.Верујући у његову чудотворну моћ над усевима православна црква је установила нарочити молитвени чин.

Тога дана виноградари одлазе у винограде, орезују по коју лозу и заливају вином по неки чокот.

Верују да ће тако винограду повратити снагу после дугог зимског мртвила, па ће лоза моћи да буја у пролеће.

Како се то каже "зарезују виноград". На дан светог Трифуна по старом календару(01.02.) почиње фебруар и пролеће се примиче, зато се тада *гата* око тога какво ће време бити током године. Верује се да ће бити кишна и родна година, ако на светог Трифуна пада снег, а ако је ведро биће сушна година. После другог светског рата црквени обреди нису извођени у време Св. Тривуна у виноградима власотиначког краја.

Црквени обичај је поново оживео на почетку 21 века.

Нажалост урушавањем и нестанком села, много је винограда искрчено, па још мањи број њих се бави виноградарством.

Обичај је оживео уз свештеничко појање са домаћином у винограду, орезује се чокот још у селима: Ладовица,

Орашје, Кукавица,   Дадинце, Шишава, Црна Бара, Ломница и Бољаре, тамо где још има сељака који обрађију винограде. Виноградара има и у самом граду, а то су насељеници из планинских села. Виноградарству је посвећена и манифестација у самом Власотинцу, која се одржава сваке године у току лета или почетком јесени под називом "Вински бал". Ту се врши избор "Богиња вина", најбољи виноградар, најбоље песме и цртежи о вину и виноградарима.

*

ВИНСКИ БАЛ 9/10 септембар 2011.г. Власотинце: Фото запис (и поставио): Мирослав Б. Младеновић Мирац локални етнолог Власотинце

*

Резбарење на дрвету према мотивима у вези
грозјобербе у власотиначком крају-ВИНСКИ БАЛ
9. септембар Власотинце, Повласиње
Фото запис(:поставио 10.септембар 2011.г.
Власотинце): Мирослав Б. Младеновић Мирац
локални етнолог Власотинце

*

ТОДОРИЦА. Уочи Тодорове суботе, Тодорице, меси се хлеб за коња. То је мали кисели хлебчић са фигуром коња. Њега на Тодорицу рано однесу у шталу где је коњ и њега тамо преломе. Запале свећу на јаслама па му од колача дају да поједе, а други део поједу укућани.

На Тодорову суботу су се свуда по моравским селима правиле трке са коњима. Знало се обично где су се оне вршиле, на коме месту. Ко је први стигзао на том месту, он је био победник Тодорове трке и он је тога дана нека врста сеоског домаћина коме се иде "на честито" и чашћење.

Онај ко ће се тркати, кад узјаши, каже: "Ајде, Свети Тодор нека помага!"

Јахачи тога јутра су квасили гривне коњима вином. Негде се квасио вином само победнички коњ и то му попрскали само реп, негде и гривну и реп.

На тодорову суботу, у селима уз Власину, као на пример у Лопушњи "док се коњи не изиграју, ништа се не работи".

Када су игре коња престајале, онда су по веровању могле да раде само девојке, а жене, поготово оне са малом децом, целог дана нису смеле да раде.

Добро се сећам да су деца из суседних планинских села се плашила од удара копитом коња и преко својих мајки веровала у тај празник. Моја мајка тога дана није ништа рдаила. Нисмо имали коња, али је говорила:"мора да се празнује Тодороца, јер на вашар може да те сас копито утепа коњ куј неје празновао овај празник".

Негде 70. Година се сећам како је једна жена погинула од неког моравског коња са чезама на вашар у Власотинце, па се по село препричавало да није празновала празник Тодорицу.

Данас на почетку 21. века нема ни коња и не потребе да се празнује тај верски празник.

*

СВЕТА ПЕТКА-ТРНОВИЦА. За овај празник се постило недељу дана и многи се на литургији причешћују. Тога дана многи доносе у цркву колаче од киселог теста са ишараном површином и њих пререже свештеник за здравље онога који га је донео, за здравље укућана, за срећу и напредак дома, за стоку, за берићет.

На бели петак се не ради да не бије град. Исто се тако поштује и бели петак који пада одмах после Духова-Тројице.

Петак се држи и не мрси, али ако то неко учини, веле, може му опростити Света Петка, јер има цркве где се може молити, али ако се омрси среда, нема опроштења, јер не постоји црква посвећена св. Среди.

Она жена која погреши петак па нешто уради из незнања, трипут целива земљу и моли Св. Петку да јој опрости грех.

У власотиначком крају је била познатија Света Петка-Параскева „трновска".

У село Свође 8 августа се све до 80.година 20 века поводом ове светитељке одржавао вашар познат као ТРНОВИЦА. Ту се долазило са свих страна Повласиња, Заплања и Лужнице. Док је постојао народ и села вашар на Трновку је било свето место за све печалбаре (као и за остале сеоске и крсне славе) и долазило се на тај дан из печалбе, па било где да се ко налазио. То су били рдосни дани живљења на село. Међу печалбарима сви су се обичаји веома поштовали, безобзира да ли је неко комуниста или није био комуниста у селима око села Свођа.

*

84

СПАСОВДАН, ТРОЈИЦА:- У црнотравском крају *Спасовдан* је био дан *литија (Крстоноше).* У рано јутро сви мушкарци села окупљали су се у цркву, и после богослужења и лицитације црквеног барјака (носио га је онај који је највише дао пара) формира се поворка, на челу са барјаком и свештеником, а иза њих су ношене иконе и клепало којим се оглашавало кретање поворке.

Ту су обавезно били ђаци основне школе, на челу са учитељем. *Крстоноше* су пролазиле кроз цео атар села. За време кретања поворке, певана је песма:
„крстоноше бога моле
Господе помилуј
......................".

На неким местима вршен је *запис* на столетним стаблима јасена и крушака.

Крстоноше су пролазиле преко ливада и жита и наносиле приличну штету, али се на то нико није љутио јер се сматрало да је то свста поворка и да ће Бог све то надокнадити. После литија код цркве је приређиван заједнички ручак, а затим игранка до касно увече.

Поред ових, празновали су се и друге светковине на којима није било интересантних верских обреда. Тако на пример празновали су *св. Илију,* да их заштити од грома, св. Еремију, против змија, Петровдан, Горешњак, Гмитровдан итд.
* *

Светилија(Чобанац, 2 август):- Дан када се празновало од удара грома, ништа се није радило у поље. То је био празник овчара и печалбара у црнотравско-власотиначком крају. Вашар и сабор се одржавао два дана на планинском потесу Чобанац (с.Бистрица, Црна Трава). Сливало се шаренило у народним ношњама:младости, деце и старијих-пешице или на коњима из планинских села. У доњем делу власотиначког краја и у село Брезовица се славила сеоска слава Светилија.

На Чобанац се долазило са свих страна одсељених црнотраваца : Београда, Ниша, Новог Сада и других места . Деца су на тај вашар по први пут куповала шарене бонбоне, пиштољчиће, варене крушке-а момци куповали „срцетија" девојкама и огледалца; где се играла народна кола уз трубаче и хармоникаше.

Под веником се мирисале печене кобасице, пило пиво и певале сетне печалбарске и завичајне песме. Као обичај је био да се из сваког села тог дана испод великих бука(свако село је имало своје место) доносила баница, печен петао, која каплица ракије и ту у најлепшој народној ношњи седело и ручавало уз хладовину крошњи планинских букви, поред чувеног планинског извора са Чобанца.

Нису изостајале ни фотографисања чувеног власотиначког фотографа Јована Мирковића, да се забележи траг успомене:детињства, сећања на младост, младе удате и ожењене, заљубљене и оне старије са породицама.

То је трајало све до с краја 20 века, док је планина била пуна светом. Данас су села опустела и сами вашари-па и за Светилију(Чобанац); остала су само сећања путем фотографија и старијих који су ту некада на чарапама водили коло уз музику и под веником од папрати песме певали и давали одушак печалбарској муци негде далеко од рофног села и породице.

*

Фото запис са вашара Светилија(Чобанац, 2.август, с. Бистрица,Црна Трава) из друге половине 20.века:- Вашарски ручак (овде није било печалбара) на ливади (буке није било, јер је међувремену одсечена, али се место није мењало за тај обичајни обред сточара) из планинског засеока Преданча,с.Г.Дејан(Власотинце), међу њима и аутора овог записа (тада студента)....
*

Фото запис с у другој половини 20. века са Чобанца(2.август.с. Бистрица, Црна Трава):-Момак из села Козило, а девојка из Бистрице
*

Фото запис 2. август 1951.године, Чобанац(Светилија-вашар):- Печалбарска успомена са вашара с лева на десно у народним ношњама из села Преданча и Равне Горе-Круна (девојачко Величковић, с. Равна Гора, 1928.г.) удата Младеновић, Славко Младеновић (1930. с. Преданча-Г.Дејан), Стрина Љубица(девојачко Петровић, 1934.с. Преданча) и Стојана Младеновић (1940.г. с. Преданча)

*

На *св Тројици (сеоска слава)* жене су обилазиле и у пољу брале цвеће и њиме китиле врата на кућама. Тог дана направљен је у селу заједнички ручак са игранком
.

На св. *Богородицу (Великој Госпојини)* ношени су на Преслапину, код „*записа*" колачи, банице и друга јела и ту је прављен заједнички ручак са игранком.
*

Спасовдан се славио са верским обредним радњама и у многим селам у власотиначком крају. Комунистичком идеологијом је било забрањено верским заједницама на те обреде ван цркве.

Тројица(св. Тројица) се сласавила такође у многим власотиначким селима. Тако су остала сећања да се први дан славила као сеоска слава у Доњем Дејану, а другог дана у село Горњи Дејан, а у мом планинском засеоку Преданча као махала се славио *Марков дан. Одлазили смо у гостима у Г.Дејан на Тројицу.*

Почетком 21. века Спасовдан и Трјица као сеоске славе се слави још активно још у неким селима, као и *Тројица.* Почетком 21 века у школском дворишту села Ломница у оквиру сеоске славе *Тројица* се одржавао општински турнир у малом фудбалу и у вечерњим часовима се ту одржавао као вашар.

*

Водице(Богојављање):- Рано ујутру сви становници села окупљали су се у цркви и одатле, после богослужења, у колони, са црквеним барјаком на челу одлазили у Селску долину да *купају црквени крст.*

Крст се „*купао*" (бацао у воду) онај који је на предходно извршеној лицитацији тим поводом дао највише пара.

По подне, истога дана био је сесоки сабор, на коме су се *мерачили* момци, и девојке, стасали за женидбу.

Сутрадан је био *свети Јован,* па они који нису славили поново су организовали игранку у центру села.

* **

Извештај о етнолингвистичком и етномузиколошком теренском истраживању у црнотравском крају

Етнолингвистичко теренско истраживање је спроведено од 15. до 21. јула 2001. године у Црној Трави и Броду у оквиру мултидисциплинарног истраживања у коме су учествовали фармаколози, етномузиколози и етнолингвисти. Етномузиколози и лингвисти су образовали један истраживачки тим пошто имају сличну методологију и делимично исти предмет истраживања. Подаци су прикупљани применом технике интервјуа који је сниман диктафоном. Интервјуисано је 19 информатора и том приликом је снимљено око 600 минута материјала. Информатори су били: *Стојан Милтеновић, Олга Милтеновић, Цветко Станојевић, Винка Радојловић, Стојадин Аризановић, Зонка Аризановић, Добринка Искреновић, Даница Илић, Милева Стефановић, Вера Стефановић, Светислав Станковић, Станка Станковић, Драгомир Стевановић, Нада Милчић, Вељко Милчић, Миљко Петровић, Светислав Стевановић, Трифун Павловић и Милорад Ивић (Дарковце).*

Истраживање је било, пре свега, усмерено на прикупљање остатака тајног језика зидара црнотравског краја, о чему да готово и нема помена у лингвистичкој и етнографској литератури. Тајни занатлијски језици представљају некада код нас широко заступљену врсту социолеката, социјално условљених језичких идиома, блиских структурно жаргону, од којих је већина изумрла са променом друштвено-економских услова који су погодовали њиховом настанку и употреби или је процес њиховог нестајања у завршној фази. Стварање и коришћење тајних занатлијских језика везује се, пре свега, за печалбарство некадашњих занатлија. Тајни језици су имали примарно конспиративну функцију јер су омогућавали занатлијама да се међусобно споразумевају, а да их остали присутни (нпр. газде, послодавци, власти) не разумеју и да тако заштите своје интересе у туђој средини.

С обзиром да је Црна Трава позната по зидарима печалбарима могло се очекивати да су и они имали свој тајни језик попут зидара из Осата или из Средске и Сиринића. Основни циљ истраживања наметао је и избор информатора: бирани су старији мушкарци који су и сами били зидари или потичу из печалбарских породица. Већина информатора више не живи у Црној Трави, већ се одселила у веће градове, а долазе најчешће током лета у свој завичај. Прелиминарни резултати истраживања указују на то да зидари Црнотравци изгледа нису имали тако развијен тајни мајсторски језик као зидари из источне Босне и из околине Призрена или можда још увек постоји изражени табу откривања језика "непосвећенима". Ипак забележени су остаци два типа тајних језика. Један се заснива на измени облика речи премештањем и уметањем слогова (*ујстормање* = мајстор, *ујмидање* = дај ми, *ултеркамање* = малтерка, итд.), док други припада типу тајних језика који имају посебан лексички фонд (*Ласа биња, ете га мица* = Тишина, ето газде). Врло је важно да су овом приликом успостављени контакти са информаторима који омогућавају наставак истраживања.

Поред података о зидарском тајном језику црнотравских печалбара, прикупљани су и етнографски подаци који се тичу печалбе у Црној Трави. Информатори су били питани како се учио и од кога занат, где се ишло у печалбу, како је био организован живот у печалби и код куће, која су веровања и обичаји везани за одлазак печалбара и њихов успех у раду, итд. Имајући у виду колико су теренска истраживања код нас, с једне стране ретка и ствар личног ентузијазма истраживача, а с друге, преко потребна, кад год се указала прилика, прикупљан је етнолингвистички и фолклорни материјал. Зато међу информаторима има и жена које имају посебну улогу и изузетан положај у печалбарски оријентисаним заједницама, а том аспекту печалбарског живота из перспективе жена, није посвећена довољна пажња. Грађа садржи изузетне животне приче Црнотраваца и Црнотравки који из свог личног угла сведоче о појави печалбарства.

Прикупљен је материјал и о годишњим обичајима, обичајима везаним за животни циклус, женској народној ношњи, лековитим биљкама и народној медицини, демонологији, народним инструментима итд.

Снимљена грађа представља део фонотеке Института за српски језик САНУ у Београду и може послужити не само лингвистима већ и другим истраживачима: етнолозима, фолклористима и етномузиколозима.

* *

У периоду од 17.07 – 25.07.2001. спроведена су етномузиколошка теренска истраживања традиционалног наслеђа области Црне Траве. Том приликом извршено је рекогносцирање терена, што значи да су прикупљани разноврсни подаци везани за целокупност традиционалног живота и наслеђа, без посебног фокусирања на специфичну проблематику појединих појава и унапред одређеног строгог критеријума селекције. Овакав методски поступак био је неопходан, будући да су ранија истраживања само овлаш дотакла наведену област.

Предмет истраживања представљала је, пре свега, музичка традиција области Црне Траве, посматрана у контексту социјалног окружења, обредног и обичајног циклуса. **Ареал** обухваћен истраживањем испрва је обухватао територију општине Црна Трава, али је услед временских и других ограничења унеколико сведен.

То значи да нису покривена сва села и махале иначе пространог ареала општине, већ да је истражена површина која непосредно гравитира самом месту Црна Трава.

Методологија истраживања подразумевала је сакупљање примарних исказа методом интервјуа у сарадњи са локалним информаторима (упитник, аудио запис), затим снимање примера вокалне и инструменталне традиције, мерење и фотографисање инструмената, као и посматрање са партиципацијом (сеоска слава, годишњи сабор). Информатори су били:

Добринка Искреновић, 1939, Црна Трава (Ливађе)
Даница Илић, 1926, Брод (Милчине)
Бранка Илић, 1953, Брод (Милчине)
Милева Стефановић, 1940, Брод (Милчине)
Радица Милутиновић, 1924, Брод (Сировичине)
Миљко Петровић, 1930, Козарница
Нада Милчић, 1934, Вељковце
Добрила Благојевић, 1939, Вељковце
Предраг Ђокић, 1950, Дојчине
Бранка Петровић, 1935, Вељковце
Стева Миленовић, 1928, Тодоровци (Шаравићеве)
Оливера Миленовић, 1931, Тодоровци (Шаравићеве)
Зденка Буковић, 1954, Тодоровци (Шаравићеве)
Светомир Стевановић, 1912, Тодоровци (Шаравићеве)
Срећко Рајковић, 1921, Тодоровци (Шаравићеве)
Косара Рајковић, 1925, Тодоровци (Шаравићеве)

Без обзира на постојећа временска и материјална ограничења, сакупљени материјал је изузетно занимљив и изискује наставак истраживања, којима би се дубље сагледали одређени специфични аспекти традиције Црне Траве.

У оквиру истраживања испитан је музичка традиција у склопу животног и годишњег циклуса обреда и обичаја локалне културе. На основу сакупљеног материјала, издвојили смо кључне моменте оба циклуса, које ћемо изложити у прегледу који следи.

Животни циклус

У локалној култури Црне Траве као моменти од посебног значаја у оквиру животног циклуса издвајају се *рођењ*е и *свадба*. Према подацима добијеним од стране информатора, може се сачинити једна прилично уједначена слика о обичајима који прате чин рођења детета. Кључни тренуци које прати низ радњи су *само* рађање, период прихватања детета од стране заједнице (у трајању од 3 до 40 дана), доношење краваја, и доношење молитве.Сегмент вокалне традиције повезан са рођењем и одгајањем детета јесу *успаванке* (*Љуљу, љушке, Таши, таши, танана, Оп' џуп' на калуп*).

Свадба је изузетно значајан тренутак не само у животу појединца, већ и у контексту читаве заједнице, о чему сведочи низ обичаја и веровања који је прате. Свадбовало се зими (од Аранђеловдана до Нове године), и лети (на Петровдан) , у четвртак или недељу, у трајању од једног дана. Свадби је претходила прошевина, која се одвијала око две недеље пре самог дана свадбе, уз пратњу хармонике (раније – гајди). Карактеристичан је обичај *бричења младожење,* који се одвијао на сам дан свадбе, приликом доласка по младу. Тим поводом се око младожење кога брију, игра и пева (*Бричи ми се млади младожења*), уз свирку блех - музике. Следећи важан моменат свадбе био је извођење младе из куће, уз песму *Предавај се, девојко*; она би такође повела Шарено коло, игру са битном функцијом у ритуалном одвајању од рода. Издвајају се и увођење младе у род, као и провера младиног поштења сутра ујутру.

Годишњи циклус

Најчешће светковани празници су Божић, Св. Стеван, Василица, Водице, Св. Јован, Св. Харалампије, Младенци, Покладе, Ускрс, Ђурђевдан, Св. Јеремија, Ивањдан, Петровдан, Св. Прокопије, Св. Илија, Огњена Марија, Митровдан, Аранђеловдан, Св. Андреја, Св. Никола. Карактеристичан обред су *лазарице*. Поред њих, помињу се и *коледари, додоле, крстоноше и краљице*.

Лазарице су женски ритуални опход, који је трајао три дана, од Лазаревог петка до недеље (пред Ускрс). Ово је један од карактеристичних обреда у култури Црне Траве, који се иначе у највећој мери изводи у југоисточној Србији. У опходу је учествовало пет девојчица обучених у народну ношњу (вута), које су певале и играле, и при том носиле реквизите (китке и барјак са звончићима). Забележен је значајан број песама, које су се изводиле у различитим тренуцима обреда, и са различитом функцијом:
Отвор' порте, домаћине (када се улази у двориште),
Мори Стано, танка Стано (песма која је знак домаћици да лазарице желе да преноће)
Лети пчела левакиња
Ова ј' кућа борова (намењено пчелама)

Свира труба на границе (за војника)

Љуби момче девојче (за младе који су заљубљени)

Остан' збогом, домаћине (када одлазе из куће)

Поред наведених, велики број песама се *намењивао*, тј. певао "на кућу", "на домаћина", "на нежењеног момка", "на девојку".

Вокална традиција лазаричког обреда занимљива је из више разлога. Пре свега, због своје несумњиве старине индикативна је у сагледавању развоја културе и традиције ових крајева, те погодна за компаративно изналажење културних узуса архаичних и нама својствених начина обредног и музичког мишљења. Затим, сакупљени материјал значајан је и као допринос постојећој грађи која постоји о лазарицама, те ће поспешити будуће компаративне анализе лазаричког обреда на територији Србије уопште.

Од празника се по количини сакупљених информација највише издваја Ђурђевдан. У зору уочи Ђурђевдана девојке и момци одлазили су да беру цвеће (*китке*), плели венце, и певали ђурђевданске песме (*"извикивали"*). Након повратка са уранка, људи би се скупљали, играли и певали. Венце су стављали на прву овцу која се музе, и домаћице би том приликом месиле посебан хлепчић пробушен у средини, и потом музле овцу тако да први млаз прође кроз отвор (*трле овце*).

Низ обичаја око Ђурђевдана важан је пошто је за становништво Црне Траве једна од основних привредних делатности била – сточарство, те су и обичаји за плодност (општу, стоке) били у прошлости значајни. Од ђурђевданских песама издвајамо:

Цавтело цвеће ђурђево

Косовка, ђурђевка

Станојо, стара планино

За социјалну динамику биле су значајне и тзв. *седењке*, скупови који су се одвијали на јесен и зиму. Млади су се сакупљали, и седењка би отпочињала тако што су девојке плеле, и певале *седенћарске песме*. Доцније би им се придружили момци, и тада би играли забавне и орске игре. Седењка је била прилика да се виде момак и девојка који су заљубљени, и често се дешавало да "припоје на момка и девојку". Седенћарске песме су велика и музички посебно интересантна група песама:

Доде ле, бајке ле
Поју сојке по браниште
Која ли гу на седењку нема
Сура кучка
Бирај, брацо
Сете, сенће, седенће
Чува мајка ћерку јединицу
Баба старца с' кола затварала
Маријка гу на седењку нема

Играчки репертоар

Подаци о играма Црне Траве значајни су не само у контексту пропратне музичке компоненте, већ и као значајан аспект локалне културе. Већи део података односи се превасходно на називе игара, али постоје и записи (будући да смо присуствовали сабору и слави). Играње и данас представља виталан део социјалног искуства.

Репертоар села Црне Траве, према речима информатора, чине следеће игре:

Чачак, Стара бугарка, Ситна бугарка, Елено моме, Стара правка, Власинка, Влаина, Заврзлама, Једностранка, Четворка, Шестица, Тројанац, Бела рада.

У време нашег боравка у Црној Трави, одржан је сабор Црнотраваца на дан Св. Прокопија (21.07.2001). Тада је записан низ игара које представљају актуелни играчки репертоар:

Шестица, Четворка, Елено моме, Чачак, Ситна бугарка, Билибинка.

Истог дана, присуствовали смо сеоској слави села Вељковце, где је забележен низ обичаја везаних за славу (кићење букве – записа, предавање колача, здравица, играње). Записане су четири игре: *Чачак, Бугарка, Елено моме, Чачак на излетушку.*

Инструментална традиција

Према подацима добијеним од стране информатора, инструменти који су свирани у различитим приликама у селима Црне Траве били су *тамбура, хармоника, плех музика, дудук, гајде и двоструне гусле.* Због немогућности да се покрије ареал целе општине, били смо у могућности само да снимимо једног тамбураша – Стеву Миленовића (махала Шаравићеве). Овај изврсни музичар је детаљно говорио о прављењу инструмента, техници свирања на њему, улози инструмента у свакодневном животу, и напослетку одсвирао низ мелодија (кола, песама, својих мелодија).

У његов репертоар улазе следећа кола:

Шестица, Ситна бугарка (Црнотравка), Четворка, Жикино, Елено, Стара бугарка, Чачак, Стара правка, Тројанац, Заплет, Прештанка, Арнаутка, Једностранка, Сарајевка, Радикалка,

као и песме:

Политика и време, Мој Милане, Коленике, У рану зору, итд.

*

Боравак на терену Црне Траве био је успешан, не само из разлога постојања богатог материјала који је сакупљен. Пре свега, користимо ову прилику да се захвалимо нашим казивачима на времену које су одвојили за нас, на гостопримству и срдачности са којима су нас дочекали, и изашли у сусрет нашим захтевима. Такође, желимо да се захвалимо и запосленима Шумске управе Црне Траве, који су били наши домаћини, на гостољубивости, помоћи и стрпљењу. Затим, драгоцена помоћ стигла је и од запослених у Општини Црна Трава, који су се потрудили да нам обезбеде карте, а не тако ретко и податке о томе ко је добар певач, свирач или казивач.

Учесници истраживања били су *Марија Вучковић* (етнолингвистика), *Катарина Вучковић* (етнолингвистика), *Марија Шекуларац* (етномузикологија), и *Ива Ненић* (етномузикологија).

*

(НАПОМЕНА: У 2001.године у оквиру *акције "Младих истраживача Србије",* посебну улогу су имали истраживачи-студенти етнологије и народне књижевности на подручју *Црне Траве.* Целокупан *етнолингвистичко-етнографско-етномузички материјал* се налази у институту за *етнологију Балканолошког института за етнологију у Београду.*

Том акцијом младих истраживача је руководио мој син *Саша Младеновић* (1974.г.)-учесник у предходним акцијама младих истраживача у бившој Југослвији као ученик: осмогодишње, средње школе гимназије у Власотинцу, потом као студент фармацеутског факултета у Београду; а на крају и као свршени доктор фармације.

Овај Извештај ми је уступио да делимично подсетим стручну јавност да се ова материја на етнолошки начин стручно обради и објаве та истраживања доступна самој средини на југу Србије из негде фиока у самом Балканолошком институту.

То је значајно за очување традиционалних вредности овога краја, јер Црна Трава са околином полако са топографске карте Србије нестаје.

(Подвукао: Мирослав Б Младеновић Мирац, локални етнолог и етнограф из Власотинца, 22.фебруар 2016.године Власотинце)
* * *

ФОТО ЗАПИС са Фејзбука групе "СВОЂЕ-РАЈ НА ЗЕМЉИ" (https://www.facebook.com/groups/330140410098/permalink/101565382054 55099/): - ФОЛКЛОРНА ГРУПА села Свођа у првој половини 20. века:-

- Петровић Слађана (Кржалије), Бранка Стојковић (шумарка), Милошевић Љиља (Соколовци), Мија Димитријевић (правник – м.Шукејнци, фрулаш), Спасић Тома (наставник историје)-м. Тропшинци, Пејчић Славољуб (Локе), Гавриловић Слободан, ... ; Станковић Драган, Стојковић Новица".....

* * *

ВАШАРСКИ ДАНИ

јун 2002.године
У народу светковине којима се придаје посебно место у обележју неког светца-називају вашари.
Људи се окупљају-и старо и младо, да би се тог дана провеселило. Играло се, певало, куповало и продавало.

Тог дана се долазило из печалбу-то је био световни дан породице, дан радости и весеља.
У свом сећању из детињства и младости-посебно су остали вашари: чобанац-други август, као Свети Илија, онда у јулу Горешњак (26. јула) -у Власотинцу, Трновка августа у село Свође, као и јесењи Крстовдан и Пејчиндан у Власотинцу.

Било је летњих и јесењих вашара и у село Конопница поред цркве и неких мањих вашара у суседним селима.
Један од световних-Светилука или Свети Јован биљобер, претворен је био под државним празником Седми јул-дан почетка партизанског устанка 1941.године у Србији; слављен и у неким оклним селима општине-али главна и централна прослава је била у село Златићево.

Моја мајка као бивша партизанка и скојевка-била је и побожна жена.
Као дете сам се радовао Седмом јулу, јер смо тога дана завршавали са косидбом у доњем делу нашега села; зденули све стогове и могло се том радовати и веселити доласком оца из печалбе за вашар.

Тога дана ујутру моја мајка-а и баба, устајале су рано и ишле у поље у брале лековито биље: „Свети Јован", кантарионку, јалов месечак(хајдучку траву), грозничавку, подубицу, посекотину(иванданско жуто цвеће) и друге лековите биљке и стављали да се суше у хладовини од којих су се касније справљали чајеви као лек за лечење многих болести.

У том времену из планине није се одлазило код лекара.

Посебно сам имао осећај радости када се од тог шареног планинског цвећа и жита овса и ражи-правили венчићи, који су стављани изнад улазних врата куће, а на дрвеним вратима је мајка узимала балегу и залепила са стављеним цветовима Светог Јована: класја овса, ражи, пшенице (домаће) и цветова лековитих убраних трава.

То је за нас означавало радости живота; а мајки и баби веру да ће Свети Јован биљобер да донесе бољу родну годину у пољу и здравље и срећу у породици и добру печаловину оца печалбара.

За сву децу из овог поднебља- сваки вашар има своју драж. Онај у вароши, где су се видела чуда тог времена: мечке како играју, дивље звери-до бацања лопте и пуцање ваздушном пушком у мету, до куповање огледалаца, шарених бонбона, пиштаљки, ножева и шарених дечјих пиштоља, до вожње на рингишпилу.

На оним вашарима под шатром-сењаком или веником од грања буковине и папрата, су се куповале лубенице, зелене варене крушке, јабуке и играла народна кола (ора). Међу вашарима највећи за нас је био онај на Чобанцу (2. август) звани Свети Илија у село бистрица у оштини Црна Трава, на надморској висини преко 1500 мметара- за читав печалбарски Повласињски крај.
На вашар се ишло пешице, ретко са коњима.

Младеж се премењувала-облачила оно што је имала најбоље и најлепше да обуче за тај дан вашара.

Летња одећа у народним ношњсмс и обућа се разликовала од села до села све до негде седамдесетих година 20. века.

После се одевало по моди-није било разлике у одевању.

У том шаренилу ношњи-до Чобанца (око 1500 метара надморске висине) , сливала се читава река људи, од раног јутра све до саме вечери.

Ми смо путовали са обронцима Букове Главе (1330 метара надморске висине)-преко село Бистрица, а са осталим селима се сусретали на Горњој Буковој Глави.

Успут су се сусретали и весело се дружила младеж и старији људи.

Већина њих су дошли из печалбе за Светоилиски вашар на Чобанцу из свих суседних села :Доњег и Горњег Дејана, Преданче, Равног Дела, Самарнице, Брезовице Лопушње, Равне Горе, Златићева, Јаковљева,Свођа, Гара, Вуса, Доброг Поља, Јаворја, Козила, Бистрице-као и са подручја црнотравске општине према планини Чемерник , Острозубу и Власинском језеру.

На вашару је било из Власотинца, Лесковца а и исељеника из Београда, Ниша, Новога Сада, Крагујевца.

Увек се тада враћали своме родном крају, да одиграју једно оро (коло) онако боси на трави уз музику трубача или хармоникаша и тупана.

Обавезно тога августовскога дана, чувени фотограф Мирковић из Власотинца-овековечавао је успомене и старих и младих и заљубљене и децу са родитељима-као вечно сећање и успомену на једно време непоновљиво живота у планини, као и вашарске дане живота у власинском крају.

Свако село на Чобанцу је имало посебно место испод неке велике букве у хладовини, где су се заједно људи окупљали и према старом овчарском обичају-износили све што су за тај дан спремили да се поједе и попије.
Тада су жене месиле ону сеоску сукану баницу, кувала јаја, доносиле сир и по коју печену кокошку.
Сви су били у шаренилу.
Жене, деца, девојке у народним ношњама.
Тачно се по њима знало ко је ко и из ког краја.
Мушкарци су махом носили панталоне на брич-уске, кројене било код шнајдера од купованог штофа, било од грубог клашњеног- вуненог сукна. Лети се носили качкети-шешири или шубаре.

Било је и оних који су носили српску капу-шајкачу шумадинску на глави.
Њих је носио мој отац и стриц.
Мушкарци су носили пиротске гумене опанке, ретко патике, сандале и шумадинске правене опанке-а неки старији су носили и свињске опанке.
Младе жене и девојке су носиле беле мараме, док су старије носиле жуте шамије-а шарене мараме.
Жене су носиле и јелеке-било оне везане или памучне.
Летњи и јесењи вашари су се разликовали по обући и одећи, а и по самом духу.

У време летњих вашара жене и мушкарци су често од тешкога рада на вашарима -били жељни провода и заборава на сав мукотрпан рад и живот у оскудици-па се често дешавало да се на дан вашара по који печалбар напије-буде пијан као мотка.

Било је и других крајности-да се тога дана уз пијанку под веником посвађа и избије туча и решавају песницама многи нерашчишћени рачуни у животу.

Било је и лепшег начина „издувавања" негативне енергије у весељењу и игри у народном колу.

Зато је већина младежи и ишла на вашарима-да се изигра у оро (коло) до миле воље.

Тога дана се заборави на све.

Сви су весели и радосни. Заборави се на тежак рад, тежину живота, немање и беду.

Летњи вашари су били веома погодни за младе-да се на њима у колу упознају, заљубе и радују животу.

Негде поред зелених букви, у расцветалој планинској ливади-дрхте млада заљубљена бића - младе овчарице и младога печалбара.

Они су срећни.

Ту се долази из печалбе, дрхти уз сусрет двоје заљубљених-негде на пропланцима планинских шумарака, негде на простору зеленила.

То су посебно дани за заљубљене.

Рађале су се и праве љубави, које су касније у јесен крунисане и удадбом и шенидом..

На тим вашарима су се рађале прве љубави-стицало животно искуство ...

Наравно да има и раскида у љубави-који се „лече" уз песму и уз коло или у неку кафану-направљена под веником за тај дан- лумпује уз музику до зоре.

Кад се одлазило на вашар-ишло се често весело ујутру рано, један по један као нека шарена колона младости и лепоте.

Када се враћало са вашара-неки су били весели и срећни, а неки су се пијани враћали својим кућама.

Често младим женама и деци некада загорча вашар.
Тако пијани млади очеви често су тукли своје жене и децу,
па их је некада било тешко такве и довести кући.

Лејулали су се пијани низ букову шуму, путељака и стаза
–тамо амо-док су их жене водиле пијане или су оне бежале
напред да не извуку батине, а деца су од страха пиштала
као мали птичићи у гнезду.

Када се постигне умереност у пићу и весељу, онда се на
вашар купују тестије, загрепци, бургије, грабуље, женске
потребштине за кућу и облекло жени и мужу, деци.
На крају вашара се обавезно купују лубенице, крушке
варене, дечје играчке, шарене бонбоне.
Наравно у зависности од вашара до вашара-негде се
купује зелениш-паприка, парадајс и за оне што су остали
да чувају кућу нека посластица или играчка.

У стара времена су се често куповали чешљеви за стоку-
чешагија, јуже-конопац, јулар за краве и коња, самар за
коња, дрвене кашике, сито, вретена, кудеље, панице,
тестије, вршњици.

Младеж купује оно што им лепо стоји у облачењу.
Старији су куповали некада антерије, опанке, јелеке,
бојелеке-а за децу дудуче-фрулу, дудук,
алавутку(шупељка)-окарину, да се свира када се иде са
стоком по планинским пашњацима.
Често из те свирале се свирало на седењакама и
лупењкама кукуруза у јесењим и зимским данима.

У село Златићево летњи-седмојулски вашар се одржавао
испод световног храстовог дрвета-мироа уз „Крст“. Тако
се и место називало „Крст“.

Поред старог Храста као световног дрва- „Крста“; се тога дана сакупљало са свих страна у виду шаренила младих и старих околних планинских села.
Тога дана су дошли сви печлбари да се уз кола (ора), птовесели под веником, испод старог храста у хладовини, ту поред споменика палим ратницима као жртве фашизма у Другом светском рату од Бугара и Немаца.

На златићевском „Крсту“ тога вашарскога „седмога јула“- разние шатре биле су пуне разноразном вашарском робом и обавезно је било „турчина“ посластичара са сладоледом из село Свође, Тисе бонбонције , Богдана и Руске бонбонџија из Крушевицце и Цаке содаџије са клакерима из село Крушевица.
Тога летњега дана све се одвијало као право вашарско весеље.

На околним ливадама и шумарцима, седело се, дружило, пило, склапала пријатељства, рађале нове љубави.
Ту се пила хладна сигналка и оранџада познатих содаџија из села Крушевице, сластило бонбонама Тисе бонбонције из Бољара-који је магаретом ишао од вашара до вашара и увесељавао децу.
Свођани, јаворци, јакољевци, козилци, дејанци, преданчарци, равноделци-печалбари хрлили су тога дана да искажу своју радост са својим породицама у народно коло (оро).

Наравно обавезно да је тада било обавезно и вашарско фотографисање за успомену. Тада су били познати фотографи Јован Мирковић и Страшко Богдановић.
Било је и почетних аматера фотографа- који су у овом крају први фотографи са фотографом „смене осам“,

овековечили многе успомене на те дане живота на вашарима.

Те фотографије су биле значајне за децу, заљубљене девојке и момке, младе брачне парове са децом- а фотографије су касније показиване – слате су и неким драгим особама са посветом.

За овај крај у данима августа био је познат вашар Трновица у село Свође.

Као и на осталим вашарима, тако и на Трновици- печалбари: циглари, зидари, пинтери су тога долазили на вашар да са породицама проведу тај дан као радосни дан у животу породице и села.

Тога дана сваки печалбар на вашару је желео да заборави цигларски калуп, мистрију, чекић, брадву,мучење по врбацима и колибама, печење на сунцу док се сече и прави цигла, високе скеле и малтерке и чекић на некој зградурини тамо негде далеко од свога дома.
 Расположење је било велико.

Деца су се купала у реку Власину, а старији и младеж играла у коло (оро) или пили по кафанама (крчмама) и мезили се са кобасицама прженим на скарама.
Тај мирис кобасица на скарама у кафанама (крчми) - тада сиромашна деца и данас осећају када се прође негде поред неке сеоске кафане у време летњих вашарских дана.
 Купи се лубеница, расхлади у реку Власину и уз породични смех и радост учини гозба.

Летњи вашар Горешњак (26. јули) је имао посебну драж за оне из моравског дела Власотинца, а и деце која су силазила са планине- да виде варошицу по први пут.

Пешачило се и више од тридесет километара да би се у посластичари појела која баклава или тулумба; да се за динарчић купи шарени штапић бонбоне, види мечка и друге дивље шивотиње у кавезу, одгледа „зид смрти“, провози на рингишпилу, одгађа ваздушном пушком за чешаљ и огледалце, купи сладолед, поигра у народном колу, види са другарима печалбарима из других села, попије која чашица или пиво под шатором, провесели уз певачицу, покупују разне потребштине за кућу и обеклак.

На вашарима су новчаници печалбара били пуни, живело си тих дана срећно и весело.
Заборављао се тежак живот, нестане туга печалбара, пуна им срца и душа- када су тога дана на вашару поред својих најближих у породици.
За тај дан се живело, за тај дан су се бројали дани на њиви, са овцама или негде далеко тамо у белом свету печалбара.
Вашарски дан је био и остао Светковни дан.
    јун 2002.године

Из РУКУПИСА:- МОЈЕ ПРИЧЕ (Аутор:Мирослав Б Младеновић Мирац) 2009.г. Власотинце
Поставио(26 јул 2014.г.-на дан ГОРЕШЊАКА вашара у Власотинце): Аутор Мирослав Б Младеновић Мирац, Власотинце

*

Фото записи са вашара ТРНОВИЦА (8 август) с. Свође:-
(**ФОТО ЗАПИСИ са Фејзбука групе "СВОЂЕ-РАЈ НА ЗЕМЉИ"-2015.г.)**

(https://www.facebook.com/groups/330140 410098/permalink/10156538205455099/):

Са вашара ТРНОВИЦА (8 август) у село Свође средином 20 века...

*

Фото запис крајем 20 века међу последњим   вашарским данима на вашару ТРНОВИЦА(8 август) у селу Свође, када се водило коло, продавала јужад, шарене бонбоне, сита и девојкама „шарена срца“ код ТУРЧИНА (послалстичаре у центру села Свође)...Ту се сакупљало и старо и младо са свих околних села из власотиначко- црнотравског и заплањско - лужничког краја...
*

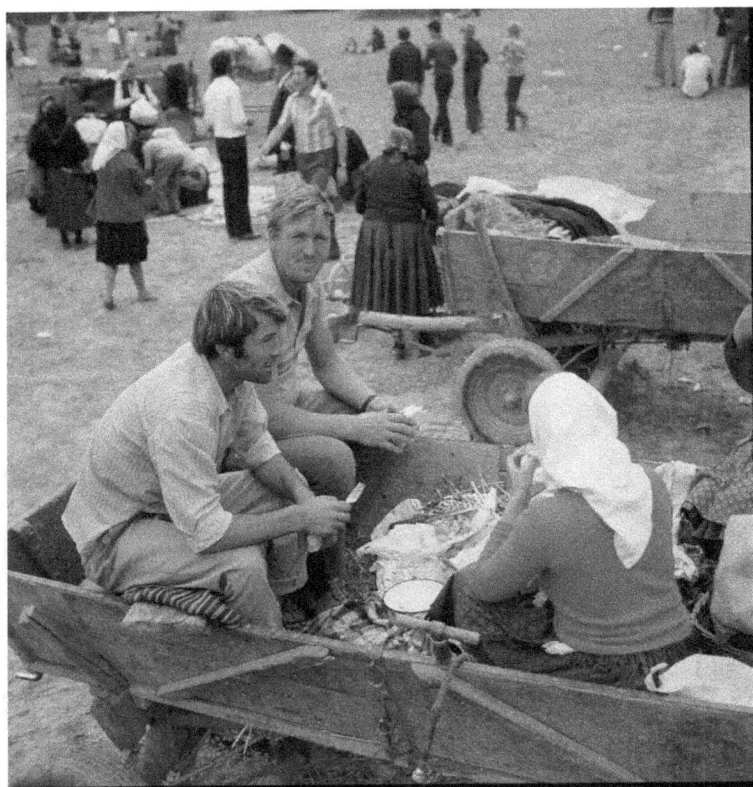

*На вашару ТРНОВИЦА(8 август) у запрежним колима
се дотерује повртарска роба „моравaца“, али у њима се
и презалогаји што се понесе од куће...*
*

Фото запис са вашара ТРНОВИЦА (8 август) у село Свође:- На вашару се куповали конопнци, амови, јулари и друге потребштине за крупну стоку и покуђство...

*

* * *

СЕЋАЊЕ НА ВАШАР ПЕТРОВДАН

!2 јула 1964.година на вашар ПЕТРОВДАН, као момак из свог родног планинског засеока отишао сам на петровдански вашар у село Лопушња; место звано ДРУМ (Лопушке Мејане).

Прво сам испод планинског врха Букова Глава(1336 метара надморске висине) кроз непроходну букову шуму путељцима, неколико сата хода прво стигао до села Равна Гора код стрица Ћире(призетка, који је пак призетио Томислава Милошевића из КОКАРЦИ-Лопушња).

Тај део ми је био познат јер сам још као дете ишао код стрица на Преславе, али често се некада отац са сестром нису добро проводили тумарајући ноћу после повратка преко амбиса и стрмина долина.

Једном је отац у припитом стању замало остао мртав. Ноћу смо га са мајком тражили лампом у планини када се није могао изгазити снегови који су тада били у навејиштима и преко два и више метара.

Вратићу се на своја сећања из своје младости и вашара 12 јула на ДРУМ-Лопушња.
Било је доста света у шаренилу у народним ношњама из:Лопушње, Равне Горе, Брезовице, Новог Села, Градишта, Јастребца, Равног Дела, Бистрице и других околних планинских села.

Било је то време радости живота. На тај дан су долазили сви печалбари из белог света. Тада су махом у овом крају печалбари били циглари-а касније и зидари.

У почетку моја сећања из младости навиру још из детињства на познате свираче-трубаче Сотира и Стојана Илића, Бас трубе: Станковића и ЧУЉКА(Драгишу) кланеташа-Лопушња , Станислава Величковића Равна Гора)-кланеташа, Владимиа Андрејевића(Преданча)- кланеташ; потом познатих трубача из села Јастребац(предводио их је Јова кланеташ) и плех оркестра из с.Равног Дела(Ицићи:Никола тупанција-гоч, и синови трубачи и Милан Јовановић кланеташ „Гулавеза" са синовима).

После тога после трубача на Лопушке Мејане (а и на Чобанац)-вашарска ора су свирали хармоникаши „Шопови"(Стаменковићи).

 О томе треба посебан запис, а сада ћу описати нека друга сећања са тог вашарског петровданског дана године 1964 у село Лопушња.

Сада тек настаје опис тада нашег стварног времена живота у планини. Сви наши преци су били полуписмени или неписмени:сточари и печалбари.

Тако када се дође из печалбе на вашар онда се мало „распиштољи"-ослободи у полусвесном стању, мало се више попије и уз народно коло-оро, често забораве све сиротињске муке и невоље да се у току зиме преживи на посној земљи.

Некада се на тај дан и „бије битка" ко ће да води оро(коло). Севали су ножеви, штапови а некада и пиштољи.

Када се попије и тада се у суженој свести често „тражи нека правда", па су често у у том нашем крају у планини често избијале сваће и туче у пијаном стању, да би тек се ујутру „мирило“; ишло од куће до куће са „кондиром или флашом ракине“-да би се људи помирили.

Тако тог 12 јула 1964.године као момчић са својим зетом Томиславом Милошевићем, пошли смо на оро-вашар на ДРУМ(Лопушња).

Зет је мало више попио у кафану, док сам ја „пецао“ девојке и играо у коло. Одједном око воћења кола изби туча између лопушњана и равногораца.
Ни сам нисам знао на којој ћу страни.

Кога да браним. Док су жене држале једне, други су их млатили колцима.
Више пута су на вашарима-орима и тупан(гоч) бушили ножевима или колцима.

Тада сам мало људи познавао и они мене. Док сам покушао да штитим зета у тучи, онда су око мене летели колци и осећао сам по својим леђима јаке ударце. Више нисам знао од кога да се браним.

Из страха за сопствен живот, само сам се „скотрљамо“ наглавачке и негде засуставио на страни према село Равна Гора.

Ни сам не знајући где ћу да одем, преко шуме и путељака некако сам дошао до пута за село Равни Дел и тако тумарајући ноћу у планиској непроходној буковој шуми се вратио ноћу кући у своје родно село Преданча (Г.Дејан).

Мајка је била забринута и са комшијама су ме ноћу „лампом" тражили према Равној Гори, да би касније „одјеком" у планини чула мој глас негде у буковим шумама између равне Горе и Равног Дела.

Помогла ми је преко равноделаца да се некако вратим жив и здрав, јер су у том времену постојале и дивље звери у планини.

Зато касније сам од старијих људи чуо савет:"ако се други пијани тепају, немој да се мешаш, јер ће ни крив ни дужан да добијеш по њушци". А и младе жене више нису држале своје мужеве када хоћу да се туку, јер су тако их само „силиле" а и „пружале могућност" другој страни-док су их оне држе рукама а други их млате колцима.

Тако сам често чуо од старих жена како су саветовале млађе жене:"ма пустите ги нек се пијани погрваљају, ће ги пројде пијанка и бес, па ће загљени поново да се врну да пију".

Касније 70 година 20 века када су се појавили први школовани млади људи у свим планинским селима, није било више оваквих неугодних вашарских момачких догодвштина.
Сви смо се у селима добро познавали ко је и у коју школу ишао или поистао студент.

Али је касније било све мање вашарских дана и оне младости пуне живота Тако је крајем 20 века почело са губљењем народних обичаја, јер се народ масовно исељавао са ових планинских простора.

Данас, на почетку 21 века и да скоро нема више вашара у напуштеним планинским селима овога краја, али су остала сећања на те радосне дане младости испуњеног живота младости у планини.

Запис: 11.јул 2014.г. Власотинце
Забележио: Мирослав Б Младеновић Мирац локални етнолог и историчар и локални писац песама и прича на дијалекту југа Србије, Власотинце ул. Иве Андрића 92

*

Порекло становништва:
http://www.poreklo.rs/2013/07/15/poreklo-prezimena-selo-gornja-lopušnja-vlasotince/

* * *

СЕДЕЊКЕ-ПРЕЛА

јун 2002.године

У времену када се сакупи летина- почетком јесени, у селима почиње један вид друштвене забаве младих и старијих-седењке, а у Шумадији се то зове Прело.

У Горњем Повласињу од села до села постојали су различити облици забаве.

У свакој сеоској мали на „крстопутини" после вечере, кад се намири стока- сакупља се младеж-момци, девојке, деца и жене, где се уз ватру на троношкама преде, плете, пева, игра и шали све до поноћи.

За седењку се сакупљају дрва суварци у току дана-а некада се „поткраду" и од неког сеоског плота, а за то задужење се одређује унапред нека млада девојка из села.

Седењке трају све до касно у јесен, кад се сакупља кукуруз и вади кромпир, па се онда на ватри пече зелено класје и планински кромпир.

Некада се уместо седењки организоване и лупењке-комишања кукуруза, на коме су се сакупљали из села да бих олупили кукуруз-а тада се варило класје, јело, певало и шалило.

Девојке са собом увек носе црвене јабуке и онда када се са момцима „шале"-онда девојка која је заљубљена у неког момка она му подаје јабуку или му уступи троношку столицу за ватром.

У свако село постоји по неколико групних седењки-прела.

Обавезно се долазило у народним ношњама, а поносило огледалце од момака и марамице везане од девојака и тако међу заљубљеним се то размењивало.

Девојке су по две и две певале старе изворне песме негде педесетих и шездесетих година 20. века-а и певале су и у групи: једна пева а остале су „басирале", као пратиље у певању.

Ако је певала само једана девојка, онда друга после песме је обавезно узвикивала-ихухуху...
После 60-70- година 20. века то певање је нестало.

На седењакама су долазили момци из других села.
Ноћу су деца често ишла у „крађу" јабука-како би их донели девојкама и момцима, а често је било и са зеленим кукурузом-то су биле обешеничке дечачке лудорије, које су се касније завршавале без већих последица.

На седењкама су се забављали на разне начине.
Један од познатих у том времену је била „Мечкар"-„Преличотина

Тако се деца и нека жена „преличе" у мушку или неку стару особу-старца са брковима или бабу, па се узму премена од неке бабе или деде, уцрни се и огарави са црним угљеном од ватре, па се онда „изопачи" особа у понашању и говору-често имитирајући неке у село по понашању.
Све то иде уз смех и шалу.

Често сам и сам као дечак био „Мечкар"-облачио се као „жена" са белом дугачком кошуљом са нагаравеним лицем са „дедом" мушкарцем која се „преличи" нека жена из села-а често пута сам и би шаљивџија са имитацијом људи у село и тако увесељавао те вечери седенькаре села.

Те „преличотине" обавезно носе тојаге или штапове, па им се не може прићи тако лако, а гурају их девојкама и женама „испод сукњу"-иде смејурија, па тако то траје све док се или не препозну или напусте седењку.

Најбољи су „мечкари"-„преличотине" они које нико не може да препозна.
Некада се као „преличотина"-„мечкар" долази чак из другога села, да се мало пошали и забави на седењкама.

Постојали су и други облици шала.
Неко од детета се преобрати у „Тиквара":-од тикве-бундеве се направи „глава" са очима и на њима упале свеће и тако се „плаше" деца и жене и омладина на седењку.

Постојале су и зимске седењке, на којима се одлазило да се помогне у врткању пређе са витла, где се ткало, прело, свирало у двојницама, дудучету, дудуку, гајдама, играло, доносили ораси, јабуке, крушке, грицкале семнке, пила грејана ракија, мезило уз кисео купус из трушију, играле карте таблићи, заљубљивало, шалило и причале догодовштине из печалбарскога живота.
Седењке су биле важан део друштвеног живота на село у јесењим и зимским данима живота у селима планине Повласиња.
  јун 2002.године

(Из РУКОПИСА : МОЈЕ ПРИЧЕ (2009.г Власотинце), Аутор: Мирослав Б. Младеновић Мирац
локални етнолог и историчар и писац песама и прича на дијалекту југа Србије)

* * *
РЕЧНИК ЛОКАЛИЗМА И АРХАИЗМА

'ајде-хајде

алев (ален)-црвен вунени конац

башта-отац

бил-био

бољ'-бољи

бучуг-дрвена посуда у кпојој се сакупља ракија

вр'-врх

Г

Гар-црн,

Грбина-леђа

Гребенци-гвоздена напраба за чешљање вуне и конопља

гумно-место у дворишту где се кравама или коњима око "стожета"(набијен подбљи колац око метар ио у земљу) врши жито(пшеница, раж, овас, јечам)

гу-је

дал'-дали

диза-диже

дигни –дижи, устани

дрисна (џенерика)-врста дивљих шљива

ете-узречица, сад

жалеје-жали, тугује

"избљује"-поврати

ил'-или

имал-имао

искочи-изађе, добије се

јед'н-један

каца-дрвена качарска посуда овалног облика у којој се стављају шљиве да преврру из којих се у казану пече ракија

капак-део казана за печење ракије(дрвен, лимен, од бакра или од иловаче направљен и испечен код грнчара)

кво-шта

к'д-кад

кова-кофа

комине-превреле шљиве у каци спремне да се ставе у казан и пече ракија

котле-посуда за воду ваљкастог обила са једне стране отворена у којој се музло млеко, носила вода и брале шљиве

кравај-хлеб, обичај

кравајче-мала погачица хлеба за дете

"крчма"-част ракијом или вином за неки весели догађај у породици

"крушкар"-место са дивљим крушкама

куде-где

куј-ко

'лади-хлади

лесарке-исплетене од пруђа чевороугло са стране и са дрвеним дном дрвене направе на дволици за услуге запрежног превоза:кромпира, кукуруза, брашна и шљива

лисје-лишће

матер-мајка

мерка-мера

"маџарке-модрице"-врста плавих шљива, пожегаче

младика-омлад од дрвета

мож'-може

муштакла-украсна биљка црвене боје

напрај-направи

напрајен-направљен

неје-није

овеј-ове

огари-оцрни

одозгор-одозго

ондак-онда

opa'-opax

'оће-хоће

"паток"-отпад, слаба ракија, задњи оток течности на лули казана

у печењу ракије, која се пово ставља у комине за печење ракије

прангија-ручна гвоздена направа, с којом се барутом пуцало ради

неког весеља у село

паниче- грнчарска дечја порција

"препек"-љута ракија

порта-капија (врата)

"постација"-жетварка која прва почне да жање жито одређује

"ширину-постад" жетве за целу групу жетоаца на њиви

"постад"-"ширина" њиве за жћетву ручно српом или окопавање

кукуруза у њиви са мотиком

работи-ради

рабуш- дрвена направа за мерење ракије, која је била нарезана на

штапу: 1кг(литра), 2кг(литара), 5кг(литара), 15кг(литара)

рагожа-рогозина, исплетена од ражену сламу на којој се на под спава

рукољка-руковат ручно ожето жито српом

сабор-игранка

сас-са

с'г-сад

седењка-прело

сенћа-сенка

седења-седењка (прело)

с'клчу-уситни се

склцане-уситњене

скога- с ким

сламарица-постељина од конопље на којој се спава а у њој се ставља слама од житарица

слива-шљива

"сташе"-преври, врење

стрижба-"сечење косе", обичај, шишање оваца

тежињав- конац од кучина(конопља-лана), тежињава

кошуља(пртена-ланена кошуља)

"тија"-тиха

Тодорица-верски празник

тој-то

Трновица-Св. Петка Трнова, вашар,

труп'ц-трупац, обло дрво ваљкастог облика

"туч"-дрвени чук

тура-стави

турало-стављало

убаво-лепо

цавтало-цветало

царевица-кукуруз

чекија-ножић

черга-ткани ћилим од вуне

шија-врат

"шмек"-укус, мирис, питкост,

шумка-лист од липе(ораха) или неког другог дрвета

* * *

ЛИТЕРАТУРА (Библиографија):

[1] *Мирослав Б. Младеновић Мирац*:- *Из рукописа:* „НАРОДНИ ОБИЧАЈИ И ВЕРОВАЊА У ВЛАСОТИНАЧКОМ КРАЈУ-Повласиње" (ЗАПИСИ: од 1970 до 2015.г.), Власотинце,

[2] *Мирослав Б Младеновић Мирац УЧА:- Народне умотворине из власотиначког краја-Повласиње-ПЕЧАЛНИК (Завичајне приче, легенде, предања, изреке, клетве, здравице и загонетке)/ Народне умотворине из власотиначког краја-Повласиње,* 2015.г.Власотинце(у штампи)

[3] *Драгутин Ђорђевић :-„О животу и народни обичајима у Лесковачкој Морави*-1958.г, Српски етнографски зборник књ. LXX, Београд), 1958.г.Лесковац

[4] *Воја Богојевић, Чедомир Милошевић, Борко Томић*:- КАЛНА ЦРНОТРАВСКА, Црна Трава, 1987.године; страна:164-172, ОБИЧАЈИ село Кална Црна Трава)

[5] *Miroslav Mladenović nast:-* „NARODNI OBIČAJI I VEROVANJA U VLASOTINAČKOM KRAJU", 10.11.2007.-Vlasotince, Srbija, (www.vokabular.org/forum/index.php?topic=1547.0)

[6] *Никола Митровић:-*ЦРНАТОВО-прошлост и садашњост, Културни Центар Власотинце, 2007.године, ОБИЧАЈИ, *страна:* 139-152,

[7] *Мирослав Б. Младеновић Мирац:-* ЦИГЛАРСТВО У НАШЕМ КРАЈУ, стр.:311-322, Власотиначки зборник 2, 206.године, Власотинце

[8] *Мирослав Б. Младеновић Мирац:*-ФОТОГРАФСКИ ЗАПИСИ ИЗ СЕЛА:Ломница, Средор, Шишава у власотиначком крају, у времену УСКРСА 2008-2011.г. Власотинце,

[9] *Мирослав Б. Младеновић Мирац:- Из РУКОПИСА "Моје приче", 2009.г., Власотинце*

[10] ФОТО ЗАПИСИ са Фејзбука групе "СВОЂЕ-РАЈ НА ЗЕМЉИ"-2015.г.)
(https://www.facebook.com/groups/330140410098/permalink/10156538205455099/):

[11] *Мирослав Б. Младеновић Мирац:-"* СЕЋАЊЕ НА ВАШАР ПЕТРОВДАН", 2014.г. Власотинце
((http://www.poreklo.rs/2013/07/15/poreklo-prezimena-selo-gornja-lopušnja-vlasotince/)

* * *

Мирослав Б Младеновић Мирац

НЕКИ ОБИЧАЈИ ИЗ ВЛАСОТИНАЧКОГ КРАЈА И ОКОЛИНЕ

Издавач: АУТОР (ISBN 978-86-918837 (M.M))
Фотографије: *Мирослав Б Младеновић Мирац*
Штампа: Штампарија
Тираж: *100 примерака*
Стр. 134
*

МЛАДЕНОВИЋ, Мирослав Б., 1948-
   Неки обичаји из власотиначког краја и околине /
Мирослав Б. Младеновић Мирац ; [фотографије Мирослав
Б. Младеновић Мирац]. - Власотинце : М. Младеновић,
2016 (Власотинце : М. Младеновић). - 134 стр.
: фотогр. ; 21 ст
Тираж 100.
- Речник локализама и архаизама: стр. 127-131.
 - Библиографија: стр. 132-133.

ISBN 978-86-919695-1-6
UDK   392(497.11)"19/20"

а) Народни обичаји - Власотиначки крај - 20в-21в
COBISS.SR-ID 221818636